本著作系教育部人文社科基金（青年项目）《全球化新格局下CGTN的国际传播研究》的阶段性成果（项目编号：20YJCZH138）

本著作亦得到广东财经大学科研启动基金的资助

■光明传媒书系

全球化新格局下
CGTN的国际传播研究

孙　璐｜著

光明日报出版社

图书在版编目（CIP）数据

全球化新格局下 CGTN 的国际传播研究 / 孙璐著 . --

北京：光明日报出版社，2021.5

ISBN 978 - 7 - 5194 - 5942 - 0

Ⅰ.①全… Ⅱ.①孙… Ⅲ.①电视台—传播学—研究

Ⅳ.①G219.26

中国版本图书馆 CIP 数据核字（2021）第 066816 号

全球化新格局下 CGTN 的国际传播研究

QUANQIUHUA XINGEJU XIA CGTN DE GUOJI CHUANBO YANJIU

著　　者：孙　璐

责任编辑：黄　莺　　　　　　　　责任校对：袁家乐

封面设计：中联华文　　　　　　　责任印制：曹　净

出版发行：光明日报出版社

地　　址：北京市西城区永安路 106 号，100050

电　　话：010-63169890（咨询），010-63131930（邮购）

传　　真：010 - 63131930

网　　址：http：//book. gmw. cn

E - mail：huangying@ gmw. cn

法律顾问：北京德恒律师事务所龚柳方律师

印　　刷：三河市华东印刷有限公司

装　　订：三河市华东印刷有限公司

本书如有破损、缺页、装订错误，请与本社联系调换，电话：010-63131930

开　　本：170mm×240mm

字　　数：195 千字　　　　　　　印　　张：14.5

版　　次：2021 年 5 月第 1 版　　　印　　次：2021 年 5 月第 1 次印刷

书　　号：ISBN 978 - 7 - 5194 - 5942 - 0

定　　价：89.00 元

序

第一次提笔作序,是为孙璐博士出版的第一部学术著作作序,我甚为荣幸,也深感骄傲。六年的师生相处,正值世界全球化浪潮澎湃,形成新格局新挑战之期;正值中国社会深化改革,新闻传播业创新发展之期;正值中国渐入世界舞台中心,媒体积极向世界发声之期;也正值孙璐的学术成长期。作为她硕士和博士的导师,我见证了她孜孜以求地向未知探索、向前沿拓进、向世界问证的过程。从这点来说,为她作序有水到渠成之感。

CGTN 中文全称是中国国际电视台(中国环球电视网),其英文全称为 China Global Television Network。本书将 CGTN 置于全球化新格局下考察,对重构世界话语体系起到参考作用。这在我国日益重视对外传播的当下,具有重要的理论价值和现实意义。

这部书稿是作者在博士论文的基础上修改完成的。全书主要围绕以下核心问题展开:CGTN 成立的动因是什么?CGTN 的现状如何?CGTN 如何更好地进行国际传播?以此探讨全球化新格局背景下 CGTN 国际传播的理论与实践。

专著的核心内容共有 8 章,涉及国际传播政治及秩序、媒介组织定位与生产、全球性媒体制播体系与面临挑战、媒体平台内容建设及其传播策略等。其聚焦之精准、阐述之系统、数据之翔实、内容之丰富、研究问题之重大,于一位初出茅庐的年轻学者而言,考验了其学术积累和视野、胸怀和胆略。

书中对 CGTN 国际传播问题的探讨,集中了作者对专业的热爱和学术的追求，体现了她在 CGTN 深入实践调研中的努力，以及在美国访学期间只争朝夕地学习、参访和交流。读博士期间，她作为国家留学基金委选派的联合培养博士生，赴美国纽约州立大学布法罗分校开始了为期一年的访学。她不但完成了既定的学习、科研任务，还帮助承担部分国外本科课程的教学工作，获得师生好评。她还参加国际新闻传播研讨会并在国际学术期刊发表了2 篇英文论文，了解她的中美同人都对她的学术能力给予了充分肯定。

记得我们一同到华盛顿的 CGTN 北美分台调研，坐在主播台上摄影留念时，我说："如果你将来不从事新闻一线工作，希望你可以在嘉宾席上就座发声。"她微笑着说："老师，我努力。"之后我们又到哈佛大学、哥伦比亚大学新闻学院、南加大安南伯格新闻学院等院校参观访谈，我说："以后你若再来，希望可以是站在演讲台上的那个人。"她依然微笑着表示努力。她就是这样一位恬淡平静、默默努力、执着笃定的年轻学者。

孙璐博士毕业后远赴南方高校工作，安家于花城。正如她所说的"努力"，作为青年教师，就职近两年来她承担了大量的教学工作，并主持参与教育部人文社科青年项目、广东省社科基金青年项目……如今她正在"努力"的路上，脚踏实地、坚定锤炼，未来可期。

是以为序。

张 丽
2021 年 5 月 1 日于北京馨蘭雅室

目 录
CONTENTS

绪　言

一、研究背景与意义

全球化（Globalization）是全球范围内人、公司、政府之间的互动和整合的过程（Guttal，2007），主要包括经济全球化、政治全球化和文化全球化。

首先，全球化新格局的"新"体现在它是对西方主导的全球化的纠偏，是一种开放的、包容的、普惠的和共享的全球化。在全球化新格局中，中国希望以全球视野、世界胸怀和大国担当，积极参与全球治理，推动世界各国的互利合作，为人类命运共同体建设贡献力量。与西方的对抗性思维及零和博弈的模式不同，人类命运共同体是中国为了推动更加公平合理的全球治理体系贡献的中国智慧，也是为了应对全球化新格局贡献的中国方案。其次，在全球化新格局背景下，技术革命（尤其是数字革命）给人类的传播方式带来根本性变化。最后，全球化新格局给重构世界信息与全球传播新秩序带来新契机。

全球性媒体（global media）在重构世界话语体系中起重要作用，建立有影响力的全球性媒体是构建全球传播新秩序的有效路径。随着中国综合国力的增强和国际地位的提升，中国开始实行"大国外交"的方略，拥有兼收并蓄、和而不同的包容理念。中国希冀打造具有全球影响力的媒体，提升中国的国际影响力和话语权,成为全球化新格局背景下引领世界的重要力量。并且,中国尊重多元化及信息多向流动,致力于为塑造更加公平、公正、包容的全球传播新秩序贡献力量。

CGTN 在此背景下应运而生,它立足中国、面向全球。CGTN 中文全称是中国国际电视台(中国环球电视网),英文全称为 China Global Television Network。① CGTN 的成立是中国媒体"走出去"战略的标志性事件。CGTN 的含义分别为:C——China,立足中国,表明了国家媒体属性;G——Global,面向全球,力求实现全球性传播;T——Television,拥有电视平台资源,在利用视听影像手段报道和传播方面具有优势;N——Network,表明从建立之初 CGTN 就被赋予了互联网属性。CGTN 不是一个传统的电视台,而是一个多语种、多平台的融媒体传播机构。它包括六个电视频道,分别为:英语新闻频道②、西班牙语频道、法语频道、阿拉伯语频道、俄语频道和纪录频道。CGTN 的总部设在北京,另有三个海外分台:北美分台(位于华盛顿)、非洲分台(位于内罗毕)、欧洲分台(位于伦敦)。北京制作中心与国内记者站(上海、成都、郑州、沈阳、广州)六地联动。此外 CGTN 还设有一个视频通讯社和一个以移动新闻网为主的新媒体集群,于 2016 年 12 月 31 日开始播出。

习近平在 CGTN 成立的贺信中指出:

> 当今世界是开放的世界,当今中国是开放的中国。中国和世界的关系正在发生历史性变化,中国需要更好了解世界,世界需要更好了解中国。中国国际电视台(中国环球电视网)要坚定文化自信,坚持新闻立

---

① https://www.cgtn.com 国际视通是 CGTN 视频通讯社,采用国际通行的视频新闻发稿标准,将新闻视频素材直接传递到上千家境外电视台和媒体机构,已经实现英、西、法、阿、俄 5 个语种发稿,2017 年被使用量达 70 万次。

② 英语新闻频道下设滚动新闻组、文化组、体育组、通联组、实事专题组、对话栏目、策划组、世界观察栏目、共享组、新媒体组、播音组、评论员组、播出组、包装组、外专组(外国专家组)等。

台，全面贴近受众，实施融合传播，以丰富的信息资讯、鲜明的中国视角、广阔的世界眼光，讲好中国故事、传播好中国声音，让世界认识一个立体多彩的中国，展示中国作为世界和平的建设者、全球发展的贡献者、国际秩序的维护者良好形象，为推动建设人类命运共同体作出贡献。①

CGTN 的发展过程中有两点尤其值得关注。首先，它代表了中国主流媒体的发展趋势：随着中国国际地位的提升，中国媒体致力于"讲好中国故事、传播好中国声音，让世界认识一个立体多彩的中国"。传播理念上由从对外宣传到国际传播，向未来的全球传播迈进。其次，CGTN 的战略考量是：电视主打，移动优先。在某种程度上，"移动优先"的原则使 CGTN 拥有更丰富的传播平台——不局限于传统的电视平台，而是综合的多媒体平台。CGTN 着力搭建多形式采集、多平台共享、多渠道和多终端分发的融媒体中心，实现观众在电视、网络、移动终端同步收看节目并体验互动。其传播平台还包括移动客户端和社交媒体，如 Twitter（推特）、Facebook（脸书）、Instagram、YouTube、微博、微信等。

2018 年 3 月，中共中央决定组建中央广播电视总台（China Media Group，CMG），为 CGTN 带来新的发展契机。CGTN 期望通过专业化的国际新闻报道和以视频为主的全媒体平台，在话语体系、价值理念、内容结构、编排思想、传播渠道等多方面形成符合新闻传播规律、世界舆论普遍接受的话语表达，实现中国在世界信息与全球传播秩序中的应有地位，提升中国国际话语权。CGTN 的建立正是中国试图跳出西方主导的全球信息传播框架的行动，CGTN 致力于摒弃"他塑"过程中世界对中国的刻板印象，实现中国形象的"自我书写"。

---

① 习近平致信祝贺中国国际电视台开播［N］. 人民日报，2017-01-01.

二、研究目的与问题

本书将探讨全球化新格局背景下 CGTN 国际传播的理论与实践。研究不局限于对 CGTN 进行个案分析，而是希望通过对媒介组织的分析，为中国媒体在全球化新格局下的国际传播能力建设提供借鉴和参照。由于英语是全球化传播中最为通行的语种，考虑到研究者的精力及研究操作性等因素，论文将重点分析 CGTN 英语新闻频道及其新媒体平台的相关新闻报道与传播活动，对其他语种的节目着力较少。全书围绕以下 3 个核心问题展开，相关问题由核心问题衍生。

1. CGTN 成立的动因是什么？（CGTN 全球化新格局有哪些表现？成立的背景如何？）

2. CGTN 的现状如何？（有哪些创新与突破？如何进行全球新闻生产？面临哪些挑战？与世界同类型媒体相比有何特点？上述媒体对 CGTN 有何值得借鉴之处？国际布局与海外运作的情况如何？CGTN 的品牌建设如何？怎样塑造差异化品牌？在国际新闻报道、内容建设、新媒体平台建设的表现如何？）

3. CGTN 未来如何发展？（国际布局和新闻报道应遵循哪些策略？如何开拓新媒体平台？如何更好地进行国际传播？）

三、文献综述

（一）关于 CGTN 的国内研究

随着 CGTN 的发展，相关的研究文献数量逐渐增多。截至 2020 年 3 月，中文文献方面，通过中国知网以 CGTN 为主题进行跨库搜索，得到 116 条检索结果；以 CGTN 为篇名进行检索的结果有 59 篇。

中文文献中，CGTN 总监江和平的数篇署名文章，较为全面、系统、翔实地从宏观层面和行业视角呈现了 CGTN 的发展历程，具有重要参考价值。①
江和平认为，CGTN 是"中国人开办的面向世界的公共媒体平台（public
media platform）"②，CGTN 的建立是"由外语频道集群向国际电视台"（由
频道向台）、"由传统电视台向电视网"（由台向网）的重大转变（江和平，
2017，2018）③。CGTN 在传播理念上试图做到电视端深度报道与新媒体方面
两端互补、协同发展，电视端、客户端、微信端、Facebook、Twitter 等多端
协同。

CGTN 试图重新定义"电视""内容""技术""受众"，以期提升国际
传播能力，尤其是新闻传播能力。江和平认为，国际传播能力主要包括"现
场到达能力、国际表达能力、持续报道能力、编辑思想能力、资源整合能
力、融合传播能力、议题设置能力"等几个维度。④ 除总结成就外，文章还
指出了现存问题，比如，如何处理好大屏与小屏的关系、总部与分台的关
系、记者与编辑的关系、解决人才流失问题等。

中央电视台总编室的吴克宇（2017）从国际传播理念和方式方面说明了
CGTN 的转变摒弃了对立观念和防范思维。

> 应当积极作为，客观报道中国，主动报道世界，充分阐明中国立场……
通过公共和民间的思想碰撞和交往故事，充分展现开放的中国对和平的
珍视，对国际秩序的维护，对合作的期待，消除一些国家的疑虑，与国
际社会共同打造利益共同体、责任共同体和命运共同体；应该将官方话

① 江和平．融媒体时代的新闻传播——以 CGTN 为例［J］．电视研究，2017（6）：23-
25.
② 江和平．做大做强新时代的国际传播［J］．浙江传媒学院学报，2018，25（5）：56-
65，133-134. CGTN 与真正意义上达到这一理想目标还有距离（笔者注）。
③ 江和平．融媒体时代的新闻传播——以 CGTN 为例［J］．电视研究，2017（6）：23-
25.
④ 江和平．做大做强新时代的国际传播［J］．浙江传媒学院学报，2018，25（5）：56-
65，133-134.

语转变为公共话语和民间话语，不打官腔，不冰冷生硬，寻找国际社会乐于接受的方式……客观理性地报道分歧和争端，努力减少误判，扩大共识，凝聚智慧；应该针对经济发展水平不同、历史文化不同、发展诉求不同的国家和地区，实现差异传播和精准传播，既要反映不同的利益主张和实际需求，又要增进政治互信、经济融合、文化包容。①

此外，他认为在管理层面应当遵循"用户分析—受众需求—节目研发—顶层设计—预购订制—精准投放—效果评估"的路径，以全媒体视角打造跨平台内容产品，建构符合全球传播的话语表达方式。作者认为，现有体系中用户分析、效果评估方面亟待完善。

宋芹（2018）认为，在社会化媒体的背景下，中国电视媒体的国际传播面临着"全球化"之后"本土落地"的挑战，应当适应社会化媒体发展，探索本土化策略，实现文化软着陆。② 对策方面，作者并未具体展开。

CGTN 新媒体组副制片人毕建录调研发现，在报道数量方面，CNN（Cable News Network，美国有线电视新闻网）着力关注美国本土以及与美国相关的重大新闻（多为时政新闻），欧洲地区和其他全球热点地区新闻报道量紧随其后。BBC（British Broadcasting Corporation，英国广播公司）的新闻报道数量和篇幅向英国本国倾斜，其次关注欧洲其他国家以及全球热点地区的新闻。半岛电视台（Al Jazeera）的英语新闻节目重点关注中东、非洲地区的新闻和全球其他地区重大新闻。突出亚洲地区的新闻报道优势，朝鲜半岛新闻或可成为 CGTN 差异化竞争的借鉴。③

中央电视台海外传播中心的李宇在《从 CCTV4 到 CGTN：浅析中国国际

---

① 吴克宇. 试论 CGTN 国际传播理念与传播方式的转变［J］. 电视研究，2017（9）.

② 宋芹. 试论社会化媒体视域下中国电视媒体的国际传播策略创新［J］. 中国电视，2018（3）：66-69.

③ 毕建录. 国际战略视角下我国媒体的对外传播——兼评中国国际电视台（中国环球电视网）CGTN 的成立［J］. 青年记者，2017（7）.

电视频道的发展嬗变》① 中指出，CGTN 并不是将原有内容资源和组织机构进行简单叠加，而是在诸多方面进行不断的实践探索和整合创新，在运用新媒体平台方面尤其如此。CGTN 还将从事多语种国际视频发稿业务的国际视通公司纳入旗下。李宇认为，CGTN 对推动中国电视国际传播的发展具有阶段性历史意义，在电视国际传播的媒介变革方面具有重大的现实意义，在推动电视国际传播竞争格局变革方面也具有积极意义。

李宇（2017）② 的另一篇文章对比分析了 CGTN 与 BBC 国际频道新闻APP，他认为，CGTN 的应用程序定位是内容发布渠道，而 BBC WN（World News 国际频道）是个性化新闻服务平台。BBC WN 在顶栏靠前位置设有"我的新闻"（My News），受众可以根据喜好设置自己的新闻版面和内容，应用程序据此进行新闻推送。相比较而言，CGTN 用户难以在短时间内翻阅全部新闻，这就带来阅读不便以及减缓应用程序的响应速度等问题。BBC WN 参照报纸进行新闻版面编排。CGTN 主要是与传统电视节目的融合，BBC WN 的 APP 是电视、广播和文字报道的融合传播，广播的收听更为便捷。

郭全中（2017）③ 认为，成立 CGTN 子品牌来统一指挥央视的外宣资源有助于建立特色鲜明的品牌，并且可以通过六大频道资源的差异化定位，更好地实现协同效应和发挥各自的核心优势。但是，单纯整合央视旗下的外宣资源是远远不够的，根本解决之道是统一整合国内的外宣资源并利用民营的互联网平台，按照媒体融合的发展规律，真正打造出具有国际品牌和影响力的媒体巨头。他指出，无论是今日俄罗斯（Russia Today，RT）、半岛电视台还是新闻集团等传媒巨头，其采取的都是市场化的企业法人。反观中国，采取的依然是事业法人形式，他认为体制突破是基础。

苏春晓在《"更多质疑"——论 RT 的内容传播之道》中比较了 CGTN

---

① 李宇. 从 CCTV4 到 CGTN：浅析中国国际电视频道的发展嬗变［J］. 对外传播，2017（5）.
② 李宇. CGTN 与 BBC 国际频道新闻 APP 对比分析［J］. 南方电视学刊，2017（3）.
③ 郭全中. 从 CGTN 开播谈改进外宣工作［J］. 传媒，2017（1）.

和 RT：RT 打出了"更多质疑"的新闻口号，直接挑战西方主流媒体的话语权威，以鲜明观点和深度报道吸引了全球受众；RT 为寻求在国际舆论市场的突破，采取节目差异、观点独家的内容传播策略，基于俄罗斯国家利益，不同于西方的价值观。①

李艾珂等主要梳理了世界信息传播秩序演变，探讨中国国际电视台（CGTN）的传播实践能为世界信息与传播新秩序带来哪些新的可能性。研究方法上主要以文献史实的梳理和与 CGTN 英语频道副总监刘聪的深度访谈为支撑。作者认为，半岛电视台和 RT 的崛起都具有国家属性（如依托政府出资，被认为是国家宣传工具），仍是旧秩序的思维和运作逻辑。"而中国的经验和实践，或许可以提供一条有别于半岛电视台和今日俄罗斯崛起模式的新路——摆脱自由市场的丛林竞逐逻辑，在尊重文化多样性的普遍理解中进行媒体实践，从而超越一国利益和二元对抗的思维模式。"（李艾珂等，2018)②

苏钰婷（2018)③ 通过工作实践中的具体案例（如在秘鲁 APEC 峰会期间实现的两场直播，2018 年 CGTN 在全国两会期间推出的"移动演播室"）介绍了 CGTN 在新媒体领域的发展和探索，在 Cogent 移动设备普及的情况下，直播仍会遇到各种突发情况的考验，专业的设备和专业化的团队是安全播出的要素。专业出镜记者的"稀缺性"在重大时政新闻直播中尤为突出，她认为，优秀的新媒体直播要平衡专业生产内容（PGC，Professional Generated Content）和用户原创内容（UGC，User Generated Content)，既要做到体现专业的新闻价值理念和新闻内容的处理，又要突出用户参与内容生产的现场感和及时性。作者认为，国际新闻媒体应做好"翻译"工作，"把'高大上'的外交辞令和官方语态转变为让外国受众喜闻乐见的'平民化'

① 苏晓春."更多质疑"——论 RT 的内容传播之道 [J]. 电视研究，2017 (4).
② 李艾珂，吴敏苏，赵鹏. 世界信息传播秩序演变与中国的贡献——以中国国际电视台（CGTN）的传播实践为例 [J]. 现代传播，2018，40 (6)：65-69，75.
③ 苏钰婷. CGTN 重大时政新闻新媒体直播之探索 [J]. 电视指南，2018 (12)：4-6.

'接地气'的表述方式","把各大媒体千篇一律播发的新闻通稿和红头文件取其精华,提炼出最重要最关键的信息对外讲好中国故事,传递中国主张",做到"中国故事,中国视角,国际表达"。

韦笑、潘攀（2018）① 梳理了 2017 年度 CGTN 在 Facebook 社交媒体新闻报道中所构建的中国形象,并探讨其社交媒体传播的策略和效果。他们采用构造周（Daniel Riffe & Stephen Lacy）抽样的形式,以 CGTN 2017 年 Facebook 主账号含"China"的发帖为总体,随机在上半年和下半年各选取一个构造周进行编码和内容分析。研究发现,CGTN 在 Facebook 上的报道内容有"去政治化"倾向,或基于意识形态差异的考虑,呈现的时政新闻数量较少,但突出社会新闻,反映中国社会现状,不规避负面消息,强化中国文化、自然风光等元素。存在的问题为 CGTN 对海外受众阅读心理的把握不足,在评论和转发方面并未引起海外用户高涨的兴趣,社交媒体报道多呈现二手新闻,甚至与其他中国媒体内容雷同,未实现自身优势,互动性不强。作者建议重视用户体验,在内容上形成差异化优势,加强"意见领袖"式的主持人对话机制（如王冠）,增强互动性,整体调整优化新闻配比。该研究定性与定量结合,有一定参考价值,但值得注意的是随机选择的样本是否能很好地反映总体情况、电视平台的 CGTN 与社交平台的报道是否存在差异、不同社交媒体和 CGTN 的其他语种节目情况如何,研究并未涉及。

陈明霞（2018）② 用英文撰写的硕士学位论文采用网络议程设置的理论框架,分析 CGTN 在 YouTube 平台的关于中国共产党十九大的报道。研究发现 CGTN 在 YouTube 平台的关于十九大的报道与用户对视频的文字评论所呈现的公众议程有显著的相关性和因果关系。"经济""社会""外交""领导力"等处于媒介议程和公众议程的中心位置。研究检验了网络议程设置对中

---

① 韦笑,潘攀. 社交媒体时代中国国家形象的对外传播策略——基于 2017 年 CGTN 海外社交媒体的中国报道分析 [J]. 传媒,2018（19）:79-81.

② 陈明霞. 中国媒体政治报道网络议程设置效果分析 [D]. 北京:北京外国语大学,2018.

国政治活动研究的适用性，但未做更进一步的推衍。

何坤、李旭（2017）① 通过对 CGTN "'一带一路'国际合作高峰论坛"报道进行分析，阐释了媒介融合时代中国对外传播战略和路径的转型。作者认为，"媒介融合不是简单地把传统媒体的内容移植到新媒体上，而是在内容的采集、集成、分发和整体营销策略上的一体化过程，并且在每一个阶段都有新的技术融入和整合"。在"移动优先"的理念下，CGTN 论坛报道运用了网络直播等技术，提升了用户的"在场感"和趣味性，是媒介融合的很好尝试。此外，邀请海外记者的参与也体现着从"中国中心"到"全球视野"的转向。但由于原创报道逻辑关联度不高，核心理念较弱，内容分散，因此未能形成显著的报道议题。因为论文关注高峰论坛报道的个案，因而其对 CGTN 评价的系统性和整体性方面存在不足。

同样是关注"一带一路"话题，曹勇② 从技术层面探讨了 AR 技术在 CGTN "一带一路"特别节目中的设计和制作过程。通过虚拟摇臂机位、主视觉标志、背景大屏与前置虚拟展示物整体联动交互，呈现出精良的视觉品质——闪动的中欧班列列车头、匈塞铁路修建人员电焊出现的火花、苏伊士运河中向前行进的货轮等为节目增色。

吴敏苏、刘子衿、魏雨虹（2018）③ 的研究具体细致地呈现了 CGTN 新媒体端 2018 年全国两会报道的个案。他们认为整体报道可圈可点，议题覆盖广，原创直播比重大（59%）。《我有一个问题》等系列短视频可视化程度高，突破了以往单一的宏观叙事框架，以小见大，增强了观众与议题的贴近性。能够较好地统筹专家、记者资源尤其是外籍记者，试图"用中国话语解释中国实践、解答中国课题"，但在新闻产品的交互性、输出核心观点的说

---

① 何坤，李旭. 媒介融合背景下我国对外传播的路径转变——以 CGTN "一带一路"国际合作高峰论坛报道为例 [J]. 传媒，2017（18）：75-77.

② 曹勇. 赋予新闻画面活力 给你不一样的虚拟植入——CGTN "一带一路"特别报道前置增强现实虚拟设计制作分析 [J]. 影视制作，2017，23（8）：44-49.

③ 吴敏苏，刘子衿，魏雨虹. 中国时政新闻的对外融合传播——基于 CGTN 新媒体端2018 年全国"两会"专题报道的研究 [J]. 电视研究，2018（6）：25-28.

服力、内容多元化上尚有较大的提升空间。

北京时间 2019 年 5 月 30 日，CGTN 的主持人刘欣与美国福克斯商业频道（FOX Business）主播翠西·里根（Trish Regan）就中美贸易等话题展开公开辩论，该事件不仅引起国内舆论广泛关注，还聚焦了全球媒体的目光，被称为"中美女主播辩论"事件。《现代传播》《全球传媒学刊》等杂志专门展开圆桌讨论并给予特别关注，认为这是国际传播史上具有里程碑意义的事件（2019）。这场电视节目辩论是中国主播首次在美国主流媒体公开发声，中美主播间越洋对话，跨越了地理区隔，实现了媒介空间的交流，进而引发了现实社会空间的广泛关注。这次跨洋对话被称作中美电视史上的奇观（spectacle），提升了 CGTN 的知名度，有可圈可点之处，也有值得反思和提升的地方，本研究将在后文专门论述。

（二）关于 CGTN 的海外研究

CGTN 也引发了国际学术界的关注，海外文献总体上严谨扎实，整体质量较高，但也存在较为犀利的观点碰撞。外文文献方面，英国威斯敏斯特大学教授、印度裔的学者 Daya Thussu 与清华大学教授史安斌等编著的 *China's Media Go Global*（《中国媒体走向全球》）较有代表性。书中介绍了中国媒体全球化的国际背景、基本理论概念和媒体实践案例，具有一定的参考价值。

利用谷歌学术检索到目前有 3 篇博士论文和 CGTN 关联度较为密切。如加拿大 Calgary 大学（University of Calgary）博士 Yang Zhang（2018）的论文 *China Global Television Network's International Communication：Between the National and the Global*（《CGTN 的国际传播：在国家与全球之间》）。该研究侧重回答 "CGTN 在中国融入全球化进程中扮演什么角色" 的问题。作者采用半结构化访谈法，其访谈对象为生活在北京、温哥华、卡尔加里（Calgary）的 CGTN 用户，每组 25 人，他们包括中国赴加拿大的留学生、加拿大华人、外国人士等。

研究表明，CGTN 作为国家媒体将传播中国价值观和全球化因素纳入其品牌战略，试图在报道和公共事务中做到国家主义与全球化的融合（convergence of nationalism and globalization）。CGTN 构建了包括全球化在内的中国国家身份（frames a Chinese national identity that includes globalization），同时保持了传统的国家价值观（maintaining traditional national values）。在价值观和身份认同方面，CGTN 对本国受众的影响力大于对国际受众的影响力。因此，CGTN 国际传播的有效性仍然是一项具有挑战性的任务。由于调查规模、访谈对象身份的丰富性限制，调查的代表性和科学性有待商榷，该研究的具体结论略显单薄。

非洲是中国"一带一路"建设的重要伙伴，非洲话题是 CGTN 研究的热点之一，尤其关注媒介视野下的地缘政治。① 英国威斯敏斯特大学相雨（2018）的博士论文题目为《中国中央电视台在非洲中国意识形态的传播——基于非洲受众的接受分析》（*Ideological Sinicization of China Central Television in Africa: A Reception Analysis of African Audiences*）。她的研究聚焦 CCTV Africa（央视非洲分台，现更名为 CGTN Africa），是央视在海外建立的首个分台，也是国际媒体在非洲建立的第一个分台。她首先梳理了相关概念，全面阐述了中国作为半边缘国家（semi-pheriphral country）② 的政治经济现实及其与非洲周边国家的政治和经济互动，阐述理论框架。在经济体制方面，中国试图加强与非洲周边国家的经济互动，以完成国内经济从半边缘到核心

---

① 2000 年前后，中国媒体和电信公司开始扩大在非洲的业务，作为中国"走出去"战略（going out policy）的一部分，鼓励中国企业的国际化。在媒体领域，中国的主要新闻机构新华社自 2004 年以来一直在内罗毕开展多语种非洲新闻服务，近年来，已在 20 多个撒哈拉以南非洲国家开设分部。2012 年，国有英文报纸《中国日报》（*China Daily*）每周推出非洲版；2006 年，中国国际广播电台（CRI）在撒哈拉以南非洲创建了第一个调频广播电台；2011 年年底，中央电视台（CCTV）在内罗毕成立了海外第一家制作和播放中心，最初被称为 CCTV Africa，于 2016 年 12 月 31 日更名为 CGTN Africa。

② 在世界体系理论的依附理论"中心—边缘"的结构中加入一个"半边缘"结构，该理论指出世界体系的流动性（中心国家可能下降为半边缘，边缘国家也可能上升为半边缘等）。

（core）的转型。另一方面，来自非洲的国家将与中国的经济合作视为通过发展劳动密集型产业将其经济从边缘（pheriphral）转型到半边缘（semi-pheriphral）。因此，跨国精英阶层存在追求共同利益的共识，以促进经济的增长。

相雨借鉴张艳秋（2014）提出的"建设性新闻"（Constructive Journalism）概念①，研究基于对在中国学习的非洲留学生的问卷调查和访谈，得到有效问卷 155 份（2014，2016）。论文探讨了中国国家媒体如何向非洲观众传递中国的意识形态。中国国家媒体促进了"共识"形成。非洲的目标受众，作为当地社团的舆论领袖，受到中非合作的现实或 CCTV Africa 的意识形态议程的影响。内容分析和个人访谈得出的结果表明，CCTV Africa 的大多数非洲观众都同意新闻频道的意识形态议程促进了当地社会的经济发展。

香港城市大学 Dani Madrid-Morales（2018）的博士论文为 *African News with Chinese Characteristics：A Case Study of CGTN Africa*（《有中国特色的非洲新闻：CGTN 非洲的个案分析》），该研究以 Daya Thussu（2007）提出的媒体流（media flow）和逆流（contraflow）② 概念为基础，利用 CGTN 非洲的案例来考察 2012 年—2015 年中国国有媒体公司在非洲的参与情况。在方法论上，作者采用混合案例研究方法，应用来自 80 多个访谈和 7 个焦点小组的定性数据分析 CGTN Africa 的新闻制作过程，并探讨肯尼亚和南非媒体专业人士收集 CGTN 非洲内容的方式，作者还采用计算机辅助定量内容分析来描述

①　建设性新闻不同于传统的新闻主义方法，其重点放在积极和消极的报道上。文章使用这种新的新闻范式来研究 CCTV Africa 如何构建中非关系。作者认为，CCTV Africa 对非洲的形象有另一种看法，与西方媒体所强化的负面形象不同。然而，在中央电视台非洲故事中使用建设性新闻不应该被理解为迄今为止的刻意行动，而是试图进行建设性的、不同于经常批评的破坏性的西方媒体的陈述。

②　"逆流"是指国际传播中出现的来自全球媒体工业外围的信息流，即国际传播领域出现的来自以美国为首的传媒强权国家以外的国家或地区的信息流。从理论上讲，这项研究提供了多层次的媒体流媒体类型。对于最初 Daya Thussu 提出的两个层次（地理和权力），作者附加了另外的层次：资本流（flows of capital）、内容流（flows of content）和价值规范流（flows of values and norms）。

CGTN 的内容，并将其与其他三个国际媒体（新华社、卫报、路透社）进行比较。

研究得出，最高管理层所描述的 CGTN 在非洲的传播目标和新闻编辑室的日常实践之间存在脱节（disconnected）。最高层希望 CGTN 可以改变中非关系在媒体上的描述方式（change the way China-Africa relations are depicted in the media）并提供关于当代非洲的"另类叙述"（不同于传统西方媒体的负面报道，to provide an "alternative narrative" on contemporary Africa）。作者认为，尽管一些媒体专业人士已开始将中国媒体纳入他们的常规信息来源，但在研究涉及的两个非洲国家（肯尼亚和南非），CGTN 和其他全球华人媒体组织在当地的影响仍然有限；此外，CGTN 已经逐步形成了其非洲受众群，CGTN 非洲的内容以及与之相关的新闻价值观和规范构成了全球媒体逆流，被作者称为具有中国特色的非洲新闻（African news with Chinese characteristics）。

Madrid-Morales 的另一篇文章《CGTN 系列纪录片〈非洲面孔〉的当代非洲叙事》（Narratives of Contemporary Africa on China Global Television Network's Documentary: Series Faces of Africa）考察了自 2012 年以来播出的纪录片《非洲面孔》，CGTN 聘请海外电影制片人，并试图效仿全球制作价值以吸引海外观众。研究通过深入访谈和内容分析，展示了纪录片制作人（大多数是非洲人，但也有来自北美和欧洲的）和中国委托制片人之间不同层面（layers）的对话：监督（supervision）、审查（censorship）、代理（agency）和跨文化合作（cross-cultural collaboration）等。作者认为积极的故事是纪录片系列《非洲面孔》的选题标准，纪录片呈现了更积极和人道的非洲人民的形象（allows a more positive and humane portrayal of African people）。纪录片仍存在报道不平衡的现象：它们在地理上集中在主要新闻中心（尼日利亚、肯尼亚和南非），只涉及一半的非洲国家，女性主人公更为鲜见。电影制作者能够相对自由地选择主题，但与此同时，他们的创造力受到了某种限制。这种限制不是直接来自 CGTN 中国工作人员，而是来自某种隐性规范和价值观制约。

非洲研究者 Emeka Umejei（2018）① 采访了在肯尼亚内罗毕的三家中国媒体机构（CGTN、新华社和中国日报）工作的非洲记者，研究通过新闻室实践观察法等方法，探讨了非洲新闻业与非洲媒体领域外国投资之间的关系。研究表明，CGTN 新闻编辑部存在严格的等级制度（hierarchy）。

综上，目前的研究大多是从 CGTN 电视实践层面或某一主题的报道进行论述，多是经验性总结和描述性概括，系统的论述和理论梳理较少。在全球化新格局背景下审视 CGTN 国际传播的这一命题尚待系统研究。本书将综合运用国际传播、跨文化传播、公共外交等理论，辅以有关案例，进行深入论证。

四、理论框架

本研究主要以跨文化传播为理论框架，尤其关注国际传播中改变对象国民众态度的劝服实践。由于 CGTN 在传播实践中仍突出"民族—国家"的主体，更符合"国际传播"而非"全球传播"的范畴（在后文中具体阐释）。跨文化传播注重"融会过程、关系、意义、消费等视点，以文化在人、组织、机构、国家等层面的传播过程和规律为切入点，以实现不同文化之间的理解、合作、共存、共荣为实现目标"②。跨文化传播应成为中国媒体全球传播的战略导向。全球化新格局下的文化传播通过对符号的编码传递深层文化理念和价值观，从而对其他国家的文化认同产生影响。③

爱德华·霍尔的《无声的语言》（*The Silent Language*）将文化看作"人们的生活方式，以及他们所习得的行为模式、态度和物质的总和"，霍尔提出高语境交际与低语境交际理论（Low-Context and High Context Communica-

① Umejei E. Chinese Media in Africa: Between Promise and Reality [J]. African Journalism Studies, 2018, 39（2）: 104-120.
② 姜飞. 从学术前沿回到学理基础——跨文化传播研究对象初探 [J]. 新闻与传播研究, 2007（3）: 31-37.
③ 李宇. 对外电视与文化传播研究 [M]. 合肥: 安徽大学出版社, 2018: 88.

tion)①，所谓"语境（context）"即传播的背景，是传播活动的时空环境及社会文化环境。在跨文化传播中，文化是最大的语境。

五、研究架构与方法

（一）研究架构

如图 0-1 所示，本研究首先对国内外文献做梳理回顾，进行实地调研，积累访谈素材。其次，在宏观层面，本研究将基于全球化新格局下重构世界信息与传播新秩序的背景进行探讨。再次，在中观层面，本研究将从媒介组织研究的视角比较分析 CGTN 的媒介组织布局，作为世界主要全球性媒体的 BBC、CNN、半岛电视台、RT 将作为参照。此外，本文还将通过数据分析和具体案例探讨 CGTN 的品牌建设、内容建设和新媒体平台建设。最后，本文将从传播理念、组织机制、内容语态等方面总结 CGTN 提升国际传播能力的策略。

（二）研究方法

1. 比较研究

施拉姆等人的《报刊的四种理论》开启了比较新闻学的先河，虽然国情和政治制度不同，但国际上主要全球性媒体的国际报道与传播活动也可作为本研究的参考。因此，本文将通过对 BBC、CNN、半岛电视台、RT 等媒体的比较分析，解释相同主题不同媒体的话语呈现，以期分析可能的信息传播者和接受者的编码—解码模式，为提升 CGTN 国际新闻报道水平和传播能力提供参照。

2. 深度访谈

本研究将进一步对新闻从业者（记者、编辑、管理人员等）进行访谈，以期深入了解 CGTN 国际传播中的动因、挑战和路径。

---

① 严明. 跨文化交际理论研究 [M]. 哈尔滨：黑龙江大学出版社，2009：40.

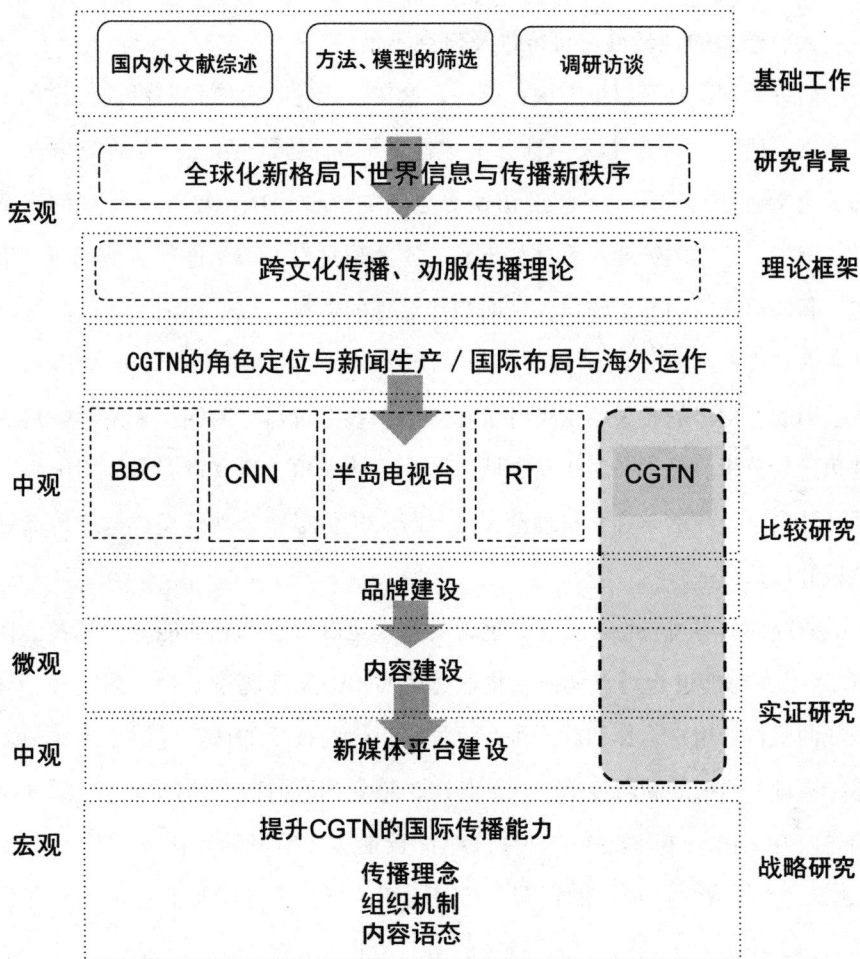

图 0-1　研究流程图

3. 内容分析

本研究将利用计算机辅助的方法，对关键词进行提取、分析、比较，制作可视化的词频数据图谱，力求使整个研究做到定性与定量结合。

六、选题的创新性、可行性及研究不足

研究的创新性有以下方面：第一，论文的选题具有时代前沿性与深刻现实意义，研究地域跨度大，具有全球性的研究视野。第二，在研究方法层面，论文通过比较研究、深度访谈等方法的综合运用，提升了研究的丰富性。第三，论文的行业一手材料丰富。本人通过对 CGTN 进行实地调研，掌握了新闻机构的内部运作以及新闻制作过程的资料，观察和记录了国际媒体从业者处理新闻报道的全过程，并试图分析国际新闻报道背后的动因与规律，因此，得出的相关结论更有实际意义和参考价值。第四，采用跨学科的视角进行分析。除了新闻传播领域的国际传播视角，论文将综合运用国际关系、社会学、政治学等学科理论，结合跨文化传播、公共外交、全球传播等领域开展研究。

研究亦具有可行性。首先，笔者具有一定的驾驭选题的能力。笔者已在 CGTN 北京总部进行蹲点调研，将通过旁听 CGTN 选题策划会、编前会，对该新闻机构的组织运作和新闻生产流程获得体验视角的认知，便于更深刻地总结梳理 CGTN 的新闻传播实践。其次，笔者拥有海外调研的条件，深度体验过西方文化，并有较强的外文文献阅读能力。笔者获得国家留学基金委"建设高水平大学"项目的资助，在美国纽约州立大学参加联合培养。在此期间，参访了位于美国华盛顿特区的 CGTN 北美分台和位于亚特兰大的 CNN 总部，体验新闻生产的过程，从国际新闻生产的角度了解新闻的价值观（news values）以及背后的影响新闻的政治与社会权力。再次，笔者具有新闻实践经历，曾在中央电视台、中央人民广播电台从事新闻采编实践工作，研究结合了理论与实践，而非隔岸观火、浅尝辄止。CGTN 的记者编辑是"时代的记录者"，作为研究者，则是"记录者的记录者"。CGTN 的国际传播研究将对中国媒体国际传播能力建设和构建全球化新格局下现代传播体系提供参照。

　　本选题属于新闻传播领域的前沿问题，现有研究成果较少，研究地域跨度大，选题具有一定难度。本文的不足之处在于论文将重点分析 CGTN 英语新闻频道及其新媒体平台的相关新闻报道与传播活动，对其他语种的节目着力较少。由于精力和篇幅所限，中国媒体国际传播能力建设的评价指标体系等问题没有展开论述。此外，由于条件所限，未能进行系统性的全球受众调研。

第一章

CGTN 成立的国际背景：全球化新格局

第一节　全球化新格局的含义

一、全球化与全球化新格局

全球化（Globalization）是全球范围内的人、公司和政府之间互动和整合的过程（Guttal，2007）。① 全球化包括由于各种社会关系的空间性转变而产生跨越洲际或区域的行为、互动和权力运作等交流与联结的一种（或一系列）过程（Held et al.，1999）。全球化正在重构世界，重塑人们的行为方式和思维方式（俞可平，2010）②。全球化主要包括经济全球化、政治全球化和文化全球化。

由于种种原因，各国家和地区间的差异和矛盾有待协调，少数发达国家主导的全球化治理规则，往往含有不平等的霸权、剥削和歧视性因素，这样的全球化将会加剧世界贫富分化，因而受到发展中国家的抵制。

---

① Guttal S. Globalization [J]. Development in Practice，2017，17（4/5）：523.
② 俞可平. 全球化催变思维方式 [J]. 决策研究，2010（4）.

全球化新格局所倡导的不是排他性的全球化，而是人人参与的全球化。中国作为新兴市场国家和世界第二大经济体，推动形成全球化新格局，引领世界朝着消除歧视、霸权，遵循平等互利、合作共赢和共商、共建、共享原则的方向发展，公平合理地处理各国之间的关系。

习近平在瑞士达沃斯世界经济论坛的发言中具体论述了崭新的、不同于少数发达国家主导的全球化原则，其最根本的就是："坚持与时俱进，打造公正合理的治理模式；国家不分大小、强弱、贫富，都是国际社会平等成员，理应平等参与决策、享受权利、履行义务；要赋予新兴市场国家和发展中国家更多代表性和发言权；坚持公平包容，打造平衡普惠的发展模式。"①

二、全球化新格局的特点

第一，全球化新格局的"新"体现在它是对西方主导的全球化的纠偏，是一种开放的、包容的、普惠的和共享的全球化。② 在政治上，参与全球治理（global governance）的主体更加多元，从单一的"民族—国家"主体扩展到公民和"共同体"（community）等主体也积极加入和参与；在经济上更强调互惠共赢；在文化上，主张尊重世界文明多样性，"以文明交流超越文明隔阂、文明互鉴超越文明冲突、文明共存超越文明优越"③。

第二，在全球化新格局背景下，技术革命（尤其是数字革命）给人类的传播方式带来根本性变化。社交媒体的发展大大加速了全球化的进程，重塑了人与人之间的关系。世界经济论坛（World Economic Forum）创始人克劳斯·施瓦布（Claus Schwab，2018）认为，如今，"第四次工业革命的力量已

① 丁冰. 推动形成经济全球化新格局 [N]. 人民日报，2017-02-17.
② 贾文山，纪之文. 人类命运共同体与全球传播 [J]. 全球传媒学刊，2018（3）.
③ 贾文山，纪之文. 人类命运共同体与全球传播 [J]. 全球传媒学刊，2018（3）.

经促成一种新型全球化"①。国际秩序的多极化、日益突出的不平等、人工智能等多种因素复杂交织，正成为全球化新格局的引领力量。过去，全球化的推进依赖逐渐降低的贸易壁垒，当今，全球化的发展依赖国家之间数字和虚拟系统的互联互通以及相关理念和服务的流通。② 应对全球化新格局的挑战需要全球有关各方积极参与，需要维护社会及民族凝聚力，积极展开协同合作。

第三，全球化新格局呼唤构建更加公正的世界信息与全球传播秩序。此前，全球范围内信息的传播多为从世界体系理论（world system theory）中综

---

① 王俊美. 积极应对全球化 4.0 时代 [N]. 中国社会科学报，2019-01-14.

第四次工业革命的力量已经促成一种新型全球化。如今世界正处于全球化 4.0 时期。全球化 1.0 时代指第一次世界大战前的全球化。当时，蒸汽及其他形式的机械动力的出现，使得购买异地商品变得更经济实惠，贸易成本的历史性降低带来了第一次全球化。但当时几乎没有全球治理，全球化改变了一国最具竞争力的公民与公司的命运，却也损害了一国缺乏竞争力的公民与公司的命运。

全球化 2.0 时代指二战后时期。当时货物贸易与国内补充性政策相结合，共同承担全球化（与自动化）的成果与恶果。市场负责效率，政府负责司法。随着美国出台罗斯福新政及其他富裕经济体实行社会主义市民民主，资本主义情绪逐渐缓和；而在世界的另一端，共产主义情绪也逐渐转向温和。从国际上看，全球化 2.0 时代见证了以学院、规则为基础的国际治理体系的诞生，尤其是联合国、国际货币基金组织、世界银行、关贸总协定、世界贸易组织以及诸如粮食与农业组织、国际劳工组织等专门机构的出现。

全球化 3.0 时代的关键在于，工厂已经跨越国界，更重要的是——G7 公司的专门技术也与工厂一同跨越了国界。这创造了高科技与低工资相结合的制造业。这种新型组合破坏了那些努力与高工资、高科技竞争的工人的生活与社区，也影响了那些努力与低工资、低科技竞争的工人。而其中受影响最大的要属在产品生产部门供职的工人，因为这种"解绑"主要影响的就是产品生产部门。更有甚者，雇主将工作机会与专门技术转移至国外后，G7 工厂工人原本对 G7 制造技术的垄断会被彻底打破。

全球化 4.0 时代指当数字技术在实现国际工资差异套利的同时，能避免工人的实际流动。从前的全球化时代主要影响那些以制造产品为生的人（因为过去的全球化是"物的全球化"），而全球化 4.0 时代则将重创服务业。发达经济体中数亿的服务行业及专业人员将——前所未有地——面临全球化所带来的挑战与机遇。令人担忧的是，服务行业的许多工作者也将被人工智能引领的自动化所取代。

② 李嘉宝. 达沃斯 2019："寒冬"中把脉世界经济 [N]. 人民日报（海外版），2019-01-24.

合国力较强的核心国家（core countries）流向边缘国家（periphery countries），国际信息流动存在不平等和不平衡的现象（UNESCO，1962）。20 世纪七八十年代，针对发达国家和发展中国家存在着新闻和信息传播不均衡与不平等的问题，发展中国家提出建立"世界信息和传播新秩序"（New World Information and Communication Order，NWICO），改变发达国家媒体对发展中国家有失公允的描述，这一观点虽然由发展中国家提出，但也得到了世界上大多数国家的支持（Thussu，2000）。1980 年，在联合国教科文组织大会上，国际传播问题研究委员会提出《多种声音，一个世界》的报告。这一诉求遭到发达国家的抵制，1984 年，美国宣布退出联合国教科文组织，一年后英国也宣布退出。

　　21 世纪伊始，全球权力正由西方向世界其他地区转移。传播作为当前世界结构形成和变迁的核心要素，在全球权力转移过程中扮演着重要角色。目前，全球信息流动仍然存在着不平等因素；全球权力正以相当复杂的方式紧密交织，并且，通过多种层面的互动来影响权力态势在全球、区域、国家和阶级、阶层内部的平衡。①

第二节　全球化新格局下的国际传播新趋势

一、媒介技术拓展了国际传播的范围

　　传播媒介的发展是文化全球化的重要组成部分。从传统广播、电视，到数字化广播、电视，再到信息通信技术（ICTs）的蓬勃发展，媒介技术的革新拓展了国际传播的范围。媒体融合、社交媒体、多屏传播改变了人类的传播方式，数字技术的革命拓展了全球传播的空间，使人类进入全球化新

---

① 赵月枝. 传播与全球权力转移 [J]. 现代传播（中国传媒大学学报），2013（6）.

时代。

20 世纪 20 年代，随着广播时代到来，许多国家通过电波展开战时宣传。除了对象国语言的播音，德国纳粹政府还使用宣传电影鼓舞士气，瓦解对方。美国之音（Voice of America）是冷战时期的代表媒体，此外，较为著名的国际广播电台还有 BBC world service（BBC 世界服务）、China Radio International（中国国际广播电台）、All India Radio（全印度电台）、Radio France International（法国国际广播电台）、Radio Free Europe/ Radio Liberty（欧洲自由电台/自由电台）、Voice of Russia（俄罗斯之声）等。

20 世纪 60 年代初，麦克卢汉（M. McLuhan）提出了"地球村（Global Village）"的概念。"地球村"主要是探讨传播媒介（特别是电视）的发达，令地球上不同地方都可以获得同等的资讯，促进了不同地方的融合，使得世界成为"地球村"。卫星通信的广泛应用，再一次改变了国际传播的格局。"电视画面具有不可替代的视觉传播力，视觉影像相较于文字、声音更跨越语言文化带来的障碍，实现国际跨文化传播。面对重大新闻事件，电视直播又是最具活力最具影响力的传播手段。"① 1969 年，全世界近 5 亿人一同通过卫星信号观看了阿波罗登月直播，电视带来的"在场感"，使得阿波罗登月成为真正意义上的全球事件（global event）。

20 世纪后半叶，大众传播领域的全球化得以实现。这依赖于媒介产品自由市场的存在对"信息权"以及政治自由和言论自由的重视，能够提供快速、高容量、低成本、跨越国界和远距离传送管道等传播技术。②

新媒体的蓬勃发展为全球信息传播提供了崭新的环境。信息通信技术（ICTs）的发展和数字化广播电视的应用再一次推动了国际传播的发展，互联网、移动终端和社交媒体被称为国际传播的新平台。2009 年—2012 年，东

---

① 张丽，孙璐. 中国电视媒体如何提升国际新闻传播力——从央视马航事件报道说开去 [J]. 新闻大学，2014 (7).
② 麦奎尔. 麦奎尔大众传播理论：第 5 版 [M]. 北京：清华大学出版社，2014：216.

非和西非的六条海底电缆对接①，大大提升了该地区用户的互联网接近性（accessibility）和可用性（availability），使非洲成为互联网用户增长最快的大陆。根据国际电信联盟（International Telecommunication Union，ITU）的数据，到 2017 年底，估计有 48%的用户使用互联网，而 2012 年这一比例为34%。尽管绝对数量显著增加，但在同一时期互联网用户的年增长率已经放缓，2017 年的年增长率为 5%，低于 2012 年 10%的增长率。

移动互联网连接在扩大接入方面发挥了重要作用，特别是在亚洲、太平洋地区以及非洲。全球移动通信系统协会 2017 年的数据显示，移动网络用户数量从 2012 年的 38.9 亿增加到 2016 年的 48.3 亿，占全球人口的三分之二，其中亚洲和太平洋地区的用户占一半以上。截至 2016 年，全球近 60%的人口可以使用 4G 移动网络，这一指标在 2015 年约为 50%，在 2012 年为 11%。

《2019 年联合国全球新闻自由和媒体发展趋势报告》显示，2012 年—2016 年期间，各类型媒体的访问量有所增加。尽管各地区存在显著差异，但这种增长与用户如何结合新媒体与传统媒体获取新闻和娱乐的方式相对应。互联网用户增长最快，特别是在历史上发展相对落后的地区，基础设施投资大量增加使得移动终端的使用量大幅增长。广播和报纸的消费受到的冲击最大，无论是文字、音频，还是图片、影像，都越来越多地通过互联网平台传播。

信息通信技术（ICTs）拓展了国际新闻报道的方式和体验。网络平台的非线性传播改变了观看方式，拓展了内容范围，在线传输（online streaming）正在成为用户体验的重要组成部分。据联合国教科文组织的数据，2016 年 1月，Netflix 将其全球服务扩展至 130 个新国家，用户数激增，2017 年第二季度超过 1 亿用户，远远高于 2012 年的 4000 万用户。受众群体也变得更加多样化，47%的用户来自美国以外。

---

① Seacom，Teams，Eassy，Main One，ACE 和 WACS 公司.

数字技术的革命性改变和互联网的出现与发展使人类真正进入了全球化新时代。新兴媒体（emerging media）是指以信息通信技术（ICTs）为支撑的媒体，亦称为新媒体，是"所有人对所有人的传播"。新媒体技术颠覆性地改变了人们的生活方式和行为方式，传播模式从垂直传播向水平传播转变，由此引发的传播关系和传播空间距离的改变也推动着东西方国家在政治、经济、文化结构和社会治理运行模式等方面的变化。卡斯特尔（Castells，2000，2001）① 认为，数字技术给人们带来根本性的变化，"网络社会"成为人类的社会结构。互联网的使用已经嵌入和体现了人们的日常活动（Hine，2005）。② 当国际传播步入信息时代时，电信和计算机技术的融合以及通过互联网传输所有类型数据（文字、声音、图像）的能力给国际信息传播带来革命性改变（Hanson，2010）。③

二、国际传播的主体更加多元

在全球化新格局背景下，国际传播的主体更加多元。两次世界大战和冷战时期，国际传播由政府主导；随着全球化进程的推进，跨国公司的介入丰富了国际传播的主体；如今，公共外交成为国际传播的第三种力量。

（一）政府主导的国际传播

政府主导的国际传播活动主要在不同国家政府与政府（government-to-government）之间进行，媒体为本国政府服务，媒体倾向于反映各自政府或国家利益的观点。这一时期典型的代表是战时宣传，拉斯韦尔（Lasswell，1927）指出，"就广义而言，宣传是通过操纵表述以期影响人类行为的技巧。

---

① CASTELLS M. Materials for an exploratory theory of the network society [J]. British Journal of Sociology，2000，51（1）：5-24.
② HINE C. Ethnography for the Internet：embedded，embodied and everyday [M]. London：Bloomsbury Academic，2015.
③ HANSON E C. A History of International Communication Studies [M]. Oxford：Research Encyclopedia of International Studies，2010.

这些表述可以采用语言、文字、图画或音乐的形式进行"①。他认为，一般而言，只有当行为对信源而不是对接收者有益的时候，才被称为宣传。② 宣传均有明确的目的，"为了达到目的，宣传家都以自己认为最有效的方式列举事实、陈述道理、施加影响"③。

这一阶段的国际传播关注政府与政府之间的信息交流，其中一些（国力）强大的国家设置了传播议程（Merrill &Fischer，1976；Frederick，1992；Fortner，1993)④。政府主导的媒体国家属性和宣传目的明显，美国尤其突出，其代表是美国之音（VOA），详见表 1-1。媒体侧重对外传播（external communication)，成为政治宣传的喉舌（political propaganda mouthpiece)。正如 VOA 前任执行官指出的那样，VOA 处于"新闻与外交的十字路口（at the crossroads of journalism and diplomacy)"（Heil，2003)⑤，足见其特殊地位。

---

① 拉斯韦尔. 世界大战中的宣传技巧 [M]. 张洁，田青，译. 北京：中国人民大学出版社，2003：4.
② 张昆. 重视国家形象的对外宣传与传播 [J]. 今传媒，2005（9）.
③ 拉斯韦尔. 世界大战中的宣传技巧 [M]. 张洁，田青，译. 北京：中国人民大学出版社，2003：4.
④ FORTNER R S. International communication：History，conflict，and control of the global metropolis [M]. Cambridge：Wadsworth，1993：1-6.
⑤ Heil A L. Voice of America：A history [M]. New York：Columbia University Press，2003.

表1-1　国际传播中政府主导的媒体

媒体名称	国家	建立时间	简介
VOA 美国之音	美国	1942	美国之音是美国政府资助的广播网络，1947 年开始向苏联进行广播，被情报部划分为白色宣传。20 世纪 80 年代，开始对古巴广播。目前，美国之音以超过 44 种语言传播，覆盖全球超过 9000 万用户。美国之音形成了由第二次世界大战期间的宣传机构（propaganda organ），到目前全球多媒体集群（global multimedia giant）的转变（Heil，2003）。它拥有广播、互联网系统和全球 1500 多个附属广播电台、电视台
Radio Free Europe& Radio Liberty 自由欧洲和 自由电台	美国	1949，1953，1976（合并）	自由欧洲电台/自由电台（RFE／RL）是由美国政府出资建立的媒体机构，成立于冷战初期，在美苏冷战中起到一定作用。目前，RFE／RL 在 20 个国家以 25 种语言进行广播，包括阿富汗、伊朗、俄罗斯和中亚部分国家和地区。RFE／RL 还通过实时数字电视网络覆盖 26 个国家的俄语用户

（二）跨国公司的介入丰富了国际传播的主体

随着国际传播的发展，其主体超越了政府间传播（government-to-government），跨国公司（transnational corporations，TNCs）主体的介入为国际传播活动注入了商业元素（business-to-business），丰富了国际传播的格局（世界主要跨国公司见表1-2）。跨国公司"要传播的信息和文化主要是跨国公司的意识形态，而不是（直接）表达国家或民族意识形态的信息和文化"（杨伯溆，2003）[①]。跨国公司，尤其是多媒体跨国集团，其传播的文化产品具有复杂性，也是输出意识形态和价值观的载体，最为典型的是美国好莱坞电影。这一时期，全球商业媒体体系逐步建立，尤其是娱乐产业蓬勃发展。

---

① 杨伯溆. 从国际传播到全球传播：跨国公司的介入及其影响 [J]. 新闻与传播研究，2003（3）.

Time Warner（时代华纳公司）①、Disney（迪士尼）和 News Corporation（新闻集团），被称为"全球媒体体系的三巨头（holy trinity of the global media system）"（McChesney，2000）。CNN 也是这一时期的产物。跨国公司以美国为主，体量庞大，涉及多领域，发展过程也经历着并购和重组。

表 1-2　世界主要跨国公司（不含新兴互联网跨国公司）

公司名称	国家	建立时间	简介
Warner Media 华纳媒体集团	美国	1970s	旗下品牌：美国有线电视新闻网（CNN）、HBO（家庭影院）、华纳兄弟（全球最大的电影和电视娱乐制作公司之一）、TNT（特纳付费电视网）
The Walt Disney Company 华特迪士尼公司	美国	1926	旗下品牌：美国广播公司（ABC）、皮克斯动画工作室（PIXAR Animation Studio）、漫威娱乐公司（Marvel Entertainment Inc）、试金石电影公司（Touchstone Pictures）、Miramax 电影公司、博伟影视公司（Buena Vista Home Entertainment）、好莱坞电影公司（Hollywood Pictures）、ESPN 体育等
News Corporation 新闻集团	澳大利亚/美国	1970s	以前的新闻集团分拆为新的新闻集团和 21 世纪福斯公司。新集团包括：道琼斯公司、澳洲新闻集团、英国新闻集团、《纽约邮报》、哈珀柯林斯出版社、美国新闻营销公司、REA 集团（61.6%）、无线集团（Wireless Group）
Bollywood 宝莱坞	印度	1990s	宝莱坞是印度孟买电影基地的别称，其制作的电影以印地语为主要语言，被批评模仿美国好莱坞电影，特色是影片时间长、兼有大量歌舞场面。每年出产的电影数量和售出的电影票数量居世界前列（2016 年总票房 22 亿美元）

① 2018 年 6 月 19 日，随着 AT&T 完成对时代华纳的收购，"时代华纳股份有限公司"（Time Warner Inc.）这个名字正式成为历史，改名为"Warner Media（华纳媒体集团）"。

续表

公司名称	国家	建立时间	简介
Bertelsmann SE & Co. KGaA 贝塔斯曼公司	德国	1835	跨国媒体公司，业务涉及电视、广播、书、杂志、报纸的出版，音乐出版，印刷和媒体服务，书刊音乐俱乐部等。旗下包括RTL集团（一家欧洲广播公司）、兰登书屋（世界成交量最大的图书出版公司）等
Sony Corporation 索尼公司	日本	1946	索尼公司的业务涉及电子产品制造、世界电子游戏业，跻身美国好莱坞六大电影公司。其旗下品牌有 Xperia（手机）、Walkman、Sony music、哥伦比亚电影公司、PlayStation 等

（三）公共外交成为国际传播的第三种力量

除了"政府与政府（government‑to‑government）" "企业与企业（business‑to‑business）""人与人（people‑to‑people）"之间的互动也是国际传播的重要组成部分（Thussu，2006）。① "公共外交是指一国政府通过文化交流、信息项目等形式，了解、获悉情况和影响国外公众，以提高本国国家形象和国际影响力，进而增进本国国家利益的外交方式。"② 公共外交（public diplomacy）是民众价值观和看法在国际领域的投射（the projection in the international arena of the values and ideas of the public），使全球公共领域（global public sphere）得以形成（Castells，2010）。公共外交是国家软实力（soft power）的重要体现，非政府组织（NGOs）及其网络的兴起标志着"新公共外交"的崛起。"新公共外交"强调对话，将公众视为意义的共同创造者与信息的共同传递者（Nye，2010）。③

---

① THUSSU D K. International Communication：Continuity and Change［M］. London：Hodder Education，2006.

② 庞通，万忆. 国家形象重塑下的电视外交分析［J］. 中国广播电视学刊，2013（10）.

③ 小约瑟夫·奈. 新公共外交：非政府组织与网络［J］. 公共外交季刊，2010（2）.

三、国际传播的话语发生转变

在全球化新格局背景下，国际传播话语发生转变：从对立，到自我展现，再到合作共赢。

在两次世界大战和冷战时期，国际传播通常采用"对立"的话语，把交战的对方看成对手或敌人（rival/enemy），妖魔化对方，宣传自己。拉斯韦尔在《世界大战中的宣传技巧》中总结了"咒骂（name-calling）""贴标签（labeling）"等宣传技巧："即将某项事物与负面的符号联结在一起，让阅听人在还无法深入了解、思考就被负面的标签所影响、产生负面的情绪与认知，并产生抗拒（Lasswell，1927）。"20 世纪 90 年代以来，东欧剧变、苏联解体，各国逐步采用"自我展现（self-promotion）"的话语，即推广自己，提升本国在国际舞台的国家形象。

随着互联网和信息通信技术的广泛应用，在世界地球村（global village）的传播中，国际传播的话语更加开放、多元、共赢（win-win）。许多国家积极利用全球性媒体提升国际形象。近年来，半岛电视台、今日俄罗斯成为国际传播的新发展，成为"多功能全球信息终端（multi-purposed global news outlets）"。

在全球化新格局背景下，冷战时期对立式的话语模式已经难以适应当代环境，国际传播话语从以国家为中心的"自我展现"转向"合作共赢"，国际传播领域呈现出的新趋势将为 CGTN 的定位与发展提供重要参照。

第三节　全球化新格局下的中国方案

一、推动构建人类命运共同体

改革开放初期，中国的经济基础较为薄弱，邓小平时期"韬光养晦"

（keeping a low profile policy）的外交战略，主张收敛锋芒，埋头实干，是特定历史时期的产物。随着中国综合国力的增强和国际地位的提升，中国转变"韬光养晦"外交政策，实行"大国外交"的方略，遵循兼收并蓄、和而不同的理念。

中国逐渐在国际舞台（international arena）崭露头角，随着快速的发展步伐，中国以崭新的国际地位处于外交环境之中，成了世界第二大经济体，但相对弱势的国际话语权与其总体实力并不匹配。随着综合国力与世界地位显著提升，中国希望以更加积极的姿态参与全球治理，致力于文化走出去，提升软实力和国家形象。

全球化进程未必完全向着更加公平利好的方向发展，仍然存在变数与震荡。"反全球化（antiglobalization）"运动主要挑战统一的政治策略的发展，把民族、文化和其他个体联合称为某一团体的统一性。① "逆全球化（deglobalization）"是世界各国经济从整合走向分割的过程，逆全球化的发展将恶化国际生产、贸易和投资环境，不利于全球资源的有效配置。英国脱欧、美国前总统特朗普提出构建贸易壁垒、对进口品开征惩罚性关税等都是逆全球化的范畴，对美国而言，并不一定就能保证企业回流，重建本土供应链。②

中国共产党十八大以来，中国政府提出着力构建有中国特色的大国外交，实行更加积极进取的外交政策。中国共产党的十九大报告明确提出了"中国特色大国外交要推动构建新型国际关系，推动构建人类命运共同体"③。人类命运共同体思想有别于西方对抗性零和博弈惯性思维模式，是为了推动和变革全球治理体系，促进新型全球化关系贡献的中国智慧和中国方案。④

---

① 安娜贝拉·穆尼，贝琪·埃文斯. 全球化关键词 [M]. 刘德斌，等，译. 北京：北京大学出版社，2014：135.

② 陈伟光，蔡伟宏. 逆全球化现象的政治经济学分析——基于"双向运动"理论的视角 [J]. 国际观察，2017（3）.

③ 高飞. 以人类命运共同体理念为指导推动构建新型国际关系 [J]. 求是，2018（4）.

④ 贾文山，纪之文. 人类命运共同体与全球传播 [J]. 全球传媒学刊，2018（3）.

在全球化新格局中，中国希望以全球视野、世界胸怀和大国担当，遵循兼收并蓄、和而不同的包容理念，在参与全球治理中更加积极有为，推动世界各国的互利合作。中国正从"内向型"全球化向"外向型"全球化转型。"内向型"指中国与世界接轨，积极参加全球化活动，如加入世界贸易组织、举办北京奥运会和上海世博会等；"外向型"指中国文化核心价值观全球化，如建立孔子学院、支持跨国公司的扩张促进经济全球化、建立国际化的媒体机构等。①

欧美一些国家的反全球化和逆全球化倾向给世界格局带来了不确定性，"一带一路"倡议是中国在全球化新格局下的重要举措。先后有 150 多个国家和国际组织同中国签署共建"一带一路"合作协议，从亚欧大陆到非洲、美洲、大洋洲，共建"一带一路"为世界经济增长开辟了新空间，为国际贸易和投资搭建了新平台，为完善全球经济治理拓展了新实践。

习近平指出，共建"一带一路"，顺应经济全球化的历史潮流，顺应全球治理体系变革的时代要求。中国秉持共商共建共享原则，倡导多边主义，通过双边合作、三方合作、多边合作等各种形式，构建全球互联互通伙伴关系，推动经济全球化朝着更加开放、包容、普惠、平衡、共赢的方向发展。

二、推动构建更加公平合理的全球信息与传播秩序

中国在国际舆论中仍处于不利地位，尤其是西方媒体对中国的妖魔化。"中国威胁论"是指国际社会由于中国的崛起而产生忧虑与质疑的论述，随着中国的迅速发展和世界格局的变化，一些世界经济体和周边国家担心中国的崛起对其利益和国际秩序造成挑战，认为这种威胁包括经济、军事、粮食、人口以至太空等领域。有论者指出中国的政治体制是产生威胁论的主

---

① 贾文山．全球传播中国模式理论体系初探［A］．史安斌．全球新闻传播与新闻教育的未来［C］．北京：清华大学出版社，2014：76-83．

因。中国方面认为威胁论源于后冷战时代，西方国家用以压制中国发展。"中国威胁论"主要质疑中国的发展威胁和阻碍其他国家和地区的发展，指责中国政治体制自由度问题、人权问题，质疑中国对非洲的援助具有"新殖民主义"倾向等，"锐实力"和胡佛研究所报告①代表了"中国威胁论"的相关观点。

---

① "引述西方'锐实力''中国威胁论'等观点，仅供读者参考，并不代表作者观点。"在"软实力（soft power）"与"巧实力（smart power）"之后，美国国家民主基金会（National Endowment for Democracy，NED）提出"锐实力（sharp power）"。2017 年 11 月美国国家民主基金会在发表于《外交事务》杂志的文章中提出"锐实力"的概念。同年 12 月，美国国家民主基金会发布报告：《从软实力到锐实力：崛起的独裁主义在民主世界的影响》（Sharp Power Rising Authoritarian Influence）。"软实力"的提出者约瑟夫奈发文支持"锐实力"。他们认为，"软实力"主要是指通过文化、价值观的吸引力来增强自己的影响力，是一种潜移默化的以对方自愿为基础的力量，而"锐实力"主要是指独裁或威权政权通过胁迫、操控外国人的态度来增强自己的影响力。美国国家民主基金会的报告特别以俄罗斯国家资助的 RT 新闻网和中国国家赞助的孔子学院作为锐实力的例子。报告在开篇指出："在过去十年中，中国和俄罗斯花费了数十亿美元来塑造世界各地的公众舆论和观念，采用多元化的工具包，包括数千人与人之间的交流，广泛的文化活动，教育计划，以及全球范围内的媒体企业和信息举措的发展。随着冷战时代的记忆消退，民主国家的分析家、记者和政策制定者通过熟悉的'软实力'视角看到了专制的影响力。但是，一些国家使用的最明显的专制技术如中国和俄罗斯虽然在公开强制意义上并非'硬'，但也不是真正的'软'。它以分心和操纵为中心。这些雄心勃勃的专制政权，在国内系统地压制政治多元化和言论自由，越来越多地寻求在国际上采用类似的原则来保障他们的利益。……我们需要为这种现象提供新的词汇。"此篇文章歪曲呈现了中国的负面形象，在国际舆论界引发广泛关注，中国政府和舆论界予以批驳。

2018 年 11 月 29 日，美国斯坦福大学胡佛研究所和美国亚洲协会美中关系中心联合发布了一份名为《中国影响与美国利益：提高建设性警惕》（Chinese Influence & American Interests：Promoting Constructive Vigilance）的报告，报告罗列了一系列中国针对美国企业、媒体、智库及学生所采取的游说行为。报告警告美国人称，应该认识到中国在美的"渗透和影响"正产生越来越大的威胁。

该报告对中美关系做了十分消极的总结和描述。事实上，也有美国学者保持了对中美关系的客观和冷静评价。如报告撰写者之一、美国前副助理国务卿 Susan Shirk 发表了不同意见（dissenting opinion），她认为报告夸大了中国在美国的威胁，让人想起与苏联的冷战，其中包括反华版的红色恐慌，这将使所有华人都陷入被怀疑之中。

"中国威胁论"的背后是国际权力关系的角力，是世界舆论场中强势力量对中国选择性呈现的"想象图景"。由于长久以来的"刻板印象"和不平等话语权等因素，在西方媒体所塑造的"媒介镜像"中，中国被"选择性呈现"，偏见与失真在报道中屡见不鲜。

全球信息流动仍然存在着不平等因素，全球南方（global south）在国际社会仍然没有得到应有的话语表达空间。目前，新闻业的英美霸权模式（the hegemony of the Anglo-American model of Journalism）仍然存在，全球性媒体（global media）在建构世界话语体系中起重要作用，建立有影响力的全球性媒体是构建全球传播新秩序的有效路径。半岛电视台的崛起改变了中东和北非（Middle East and North Africa，MENA）的新闻格局（news topography）。半岛电视台通过在阿富汗战争等重大新闻事件中提供稀缺的、可以扭转局势的独家新闻报道，挑战了西方媒体国际新闻报道的垄断地位。改变了全球新闻消费方式和流动方式，形成国际新闻信息的媒体逆流（contra-flow），即国际传播领域出现的来自欧美西方发达国家以外的国家或地区的信息流。RT 的发展亦不容小觑，它向全球用户提供全球重大事件的俄罗斯视角，吸引欧美国家的受众，形成了与西方主流媒体不同的舆论场。

三、希冀打造具有全球影响力的媒体

媒体外交（media diplomacy）是公共外交（public diplomacy）① 的重要形式，在政府、媒体、公众与外交决策这四个要素中，媒体的作用不容小觑。媒体作为信息来源（尤指新闻媒体），为公众和外交决策提供信息；媒体作为联络渠道，在政府、公众与外交决策者之间架起沟通桥梁；媒体作为媒介渠道，呈现外交议程、影响公众意见。②

---

① 公共外交是指一国政府通过文化交流、信息项目等形式，了解、获悉情况和影响国外公众，以提高本国国家形象和国际影响力，进而增进本国国家利益的外交方式。
② 陆佳怡. 媒体外交：一种传播学视角的解读［J］. 国际新闻界，2015，37（4）.

中国希冀打造具有全球影响力的媒体，提升中国的国家形象，改变海外民众可能存在的偏见认知，提升中国的国际影响力和话语权。并且，中国尊重多元化、信息多向流动，为塑造更加公平、公正、包容的全球传播新秩序而贡献力量。CGTN 在此背景下应运而生，它的成立是中国媒体"走出去"战略的标志性事件。

本章小结

本章探讨了 CGTN 成立的国际背景——全球化新格局。全球化（Globalization）是全球范围内的人、公司和政府之间互动和整合的过程。全球化包括由于各种社会关系的空间性转变而产生的跨越洲际或区域的行为、互动与权力运作等交流与联结的一种（或一系列）过程。全球化新格局是对西方主导的全球化的纠偏，是一种开放的、包容的、普惠的和共享的全球化。

在全球化新格局背景下，国际传播领域也呈现出新趋势。首先，技术的革新使人们进入全球化新时代，给人类传播方式带来根本性变化。从传统广播、电视，到数字化广播、电视，再到信息通信技术（ICTs）的蓬勃发展，媒介技术拓展了国际传播的范围。其次，国际传播的主体更加多元——两次世界大战和冷战时期，国际传播由政府主导；随着全球化进程的推进，跨国公司的介入丰富了国际传播的主体；在全球化新格局中，公共外交成为国际传播的第三种力量。相应地，国际传播话语也发生转变——从对立，到自我展现，再到合作共赢。

全球化新格局所倡导的不是排他性的全球化，而是人人参与的全球化，它具有以下特点：第一，全球化新格局的"新"体现在它是对西方主导的全球化的纠偏，是一种开放的、包容的、普惠的和共享的全球化。第二，在全球化新格局背景下，技术革命（尤其是数字革命）给人类的传播方式带来根

本性变化，第四次工业革命的力量已经促成一种新型全球化。第三，全球化
新格局呼唤构建更加公正的世界信息与全球传播秩序。随着综合国力与国际
地位的显著提升，中国希望以更加积极的姿态参与全球治理，推动构建人类
命运共同体。全球信息流动仍然存在着不平等因素，全球性媒体对建构世界
话语体系起到重要作用。在全球化新格局背景下 CGTN 的建立正是中国试图
跳脱西方主导的全球信息传播框架、构建更加公平合理的全球信息传播秩序
的行动，CGTN 致力于摒弃"他塑"过程中世界其他国家和地区对中国可能
存在的刻板印象，实现中国形象的"自我书写"。

第二章

媒介组织的角色定位与新闻生产

CGTN 的成立是中国媒体"走出去"战略的标志性事件，本书通过较为翔实的一手资料访谈，探讨 CGTN 媒介组织的历史梳理、角色定位、传播实践及新闻生产机制。作为一个自诞生起就被赋予融媒体基因的机构，CGTN 与其他传统媒体相比有何不同？CGTN 的成立有何重要意义？CGTN 做了哪些革新？如何借鉴国内外媒体融合的经验实现整合升级？CGTN 融媒体中心内部采用怎样的组织机制？这些问题都将在本章一一探讨。

第一节　全球化新格局下 CGTN 的角色定位

一、历史梳理：从《英语新闻》到 CGTN①

1992 年 10 月 1 日，我国第一个国际卫星电视频道——中央电视台第四套节目（CCTV-4）正式开播。第四套节目以港澳台观众和海外华人为主要服务对象，以新闻节目为主。它的开播是中国电视对外传播历史上具有里程

---

① 李舒东. 中国中央电视台对外传播史（1958—2012）[M]. 北京：人民出版社，2013：58-71.

碑意义的重大事件，开启了中国电视对海外报道频道的第一步。

　　CCTV-4 开播后，《英语新闻》① 进入其平台播出，节目覆盖中国港澳台地区、东南亚各国及北美部分地区。从 1993 年 1 月 1 日开始，播出次数由每周 5 次增加为每日播出。1996 年，中央电视台海外中心开始筹建英语新闻传送频道。1997 年 6 月 27 日，中央电视台英语传送频道对外试播，形成了对外报道的重大突破，对中国电视走向世界与国际接轨具有重要意义。1997 年香港回归期间连续播出 41 小时的直播报道节目。1997 年 9 月 20 日，英语传送频道正式开通，每天播出 17 个小时，以新闻和新闻性专题节目为主。通过持续不断的探索和酝酿，2000 年 9 月 25 日，中央电视台英语国际频道（CCTV-9）正式开播，这标志着中国电视英语频道开始正式登上国际舞台。《英语新闻》同时在 CCTV-9 和 CCTV-4 播出，新开设的英语国际频道 24 小时滚动播出，覆盖全球，并通过美国时代华纳有线电视频道率先在美国落地播出。它加大了新闻节目量，增加言论性节目和新闻直播类节目。此外，英语国际频道（CCTV International）参照国际媒体运作机制，合并外语新闻部和外语专题部，实行频道总监制。2001 年，由中国国家广播电视总局推动的广播电视"走出去"工程拉开帷幕，中国国际传播的传输和覆盖能力建设在此阶段得到较大发展。② 2009 年英语国际频道更名为 CCTV-News（国际新闻频道）。CCTV-News 的属性是新闻频道，而 CCTV-4 是中文国际频道，更综合一些，除了新闻类节目，还播放电视剧和综艺节目。

　　2011 年 5 月，中央电视台的视频发稿平台正式开通运营。这个平台按照国际传媒通行的发布方式和渠道，将中央电视台拥有版权的新闻报道直接传送给全球各类媒体和新闻合作与服务机构，实现新闻的二次传播（李宇，

———————————

① 1986 年 12 月 25 日，《英语新闻》（CCTV NEWS）在 CCTV-2（现中央电视台财经频道）首次试播，并于 1986 年 12 月 30 日 20 点 30 分正式播出。

② 根据 CGTN 副总监 C 的访谈，2017 年 8 月。

2018).① 2012 年，中央电视台非洲分台（CCTV Africa）和北美分台（CCTV America）建成并投入使用，这是中国电视国际传播的本土化探索的重大突破。

CGTN 于 2016 年 12 月 31 日开始播出。CGTN 的英文全称是 China Global Television Network，中文称作"中国国际电视台（中国环球电视网）"。CGTN 的成立是中国媒体"走出去"战略的标志性事件。CGTN 的含义分别为：C——China，立足中国，表明了国家媒体属性；G——Global，面向全球，力求实现全球性传播；T——Television，依托电视平台优势资源，主要以视听影像报道传播；N——Network，表明从建立之初 CGTN 就被赋予了互联网属性。CGTN 不是一个传统电视台，而是一个多语种、多平台的融媒体传播机构。它包括六个电视频道，分别为：英语新闻频道、西班牙语频道、法语频道、阿拉伯语频道、俄语频道和纪录频道。CGTN 的总部设在北京，另有三个海外分台：北美分台（位于华盛顿）、非洲分台（位于内罗毕）、欧洲分台（2019 年建成投入使用，位于伦敦）。北京制作中心与国内记者站（上海、成都、郑州、沈阳、广州）六地联动。此外 CGTN 还设有一个视频通讯社和一个以移动新闻网为主的新媒体集群。国际视通是 CGTN 视频通讯社，它采用国际通行的视频新闻发稿标准，将新闻视频素材直接传递到上千家境外电视台和媒体机构，已经实现英、西、法、阿、俄 5 个语种发稿。

CGTN 开播当日，CCTV-News 更名为 CGTN（英语新闻频道），CCTV Africa 和 CCTV America 更名为 CGTN Africa 和 CGTN America。目前，在电视频道方面，除了 CGTN 英语新闻频道，相应的外语频道也进行了更名和整合（详见表 2-1）。

---

① 李宇. 中国电视国际传播的新挑战与新逻辑 [J]. 国际传播, 2018（6）. 现在 CGTN 发稿平台的前身即来源于此。

表 2-1　CGTN 频道信息表

名称	语言	建立日期	此前名称
CGTN（英语新闻频道）	英语	1997-09-20	CCTV News
CGTN Español（西班牙语频道）	西班牙语	2007-10-01	CCTV-E/Español
CGTN Français（法语频道）	法语	2007-10-01	CCTV-F/Français
CGTN Arabic（阿拉伯语频道）	阿拉伯语	2009-07-25	CCTV Arabic
CGTN Russian（俄语频道）	俄语	2009-09-10	CCTV Russian
CGTN Documentary（国际纪录片频道）	英语	2011-01-01	CCTV-9 Documentary

2018 年 3 月，中共中央决定组建中央广播电视总台（China Media Group, CMG），这为 CGTN 带来新的发展契机。

二、"看见不同"：中国形象的"自我书写"

CGTN 的新闻定位为"看见不同"（See the Difference），意为同样的世界，不一样的报道；同样的报道，不一样的观点。CGTN 制定了"国际视野，中国视角；强化评论，改进编排；尊重规律，追求效果"的编辑方针，其报道视角由"二元"（中与西）提升到了"四维"（perspectives），即中国视角看中国、中国视角看外国、外国视角看外国、外国视角看中国。

CGTN 的建立正是中国试图跳出西方主导的全球信息传播框架的行动，CGTN 试图摒弃"他塑"过程中世界其他国家和地区对中国可能形成的刻板印象，实现中国形象的"自我书写"。CGTN 期望通过专业化的国际新闻报道和以视频为主的全媒体平台，在话语体系、价值理念、内容结构、编排思想、传播渠道等多方面形成符合新闻传播规律和世界舆论普遍接受的话语表达，进而转变单一的话语结构，建立中国在世界信息与传播秩序中的应有地位。

三、CGTN 重新定义电视台①

（一）台网融合

CGTN 的全称是 China Global Television Network，从字面上看译作中国环球电视网，另一个名称是中国国际电视台。目前 CGTN 在中国官方称谓、公文函件往来中采用"中国国际电视台"，在对外传播中用"中国环球电视网"。为了解决体制问题，延揽全球人才，CGTN 还成立了中国环球广播电视公司，在国外进行商务运作。

"相比于中国国际电视台，CGTN 更愿意把自己叫作中国环球电视网，这符合成立 CGTN 的定位。"② "CGTN 创立时就注入网媒基因，它不单单是一个电视台，而是集电视、网站、通讯社、社交媒体和新媒体为一体的网络媒体，它努力打破传统的信息采集分发之间的壁垒，采用多形式采集，同平台共享，多渠道、多终端和多语种分发的形式，实现资源使用效率的最大化。"（江和平，2018）③

（二）突出传播功能，淡化宣教意味

我认为 CGTN 的开播对于讲好中国故事，传递中国声音有一个里程碑的意义。随着中国越来越强大，有更多的外国人想对中国有更多的了解，但是他们所能接触的环境都是西方语境下的中国。所以可能片面，所以中国国际电视台对传递中国的声音以及树立中国的大国形象都有积极的意义。我们接触到的有些报道所传递的中国声音更像是宣传（propaganda），外国观众甚至会感到反感，很多人对中国存在误解，CGTN 的

---

① 参考 2017 年 12 月 19 日中央电视台外语频道综合部统筹组制片人陈涛给中国传媒大学新闻实务班的讲座，张修权、许乃显整理。
② 根据 CGTN 制片人 B 的访谈，2017 年 10 月。
③ 江和平. 新时代新战略新探索 CGTN 重新定义融合传播 [J]. 电视研究，2018 (1)：43-45.

成立为他们更好地了解中国、以一个更加客观的方式了解中国，树立了一个榜样。我也见证了 CGTN 从 CCTV-News 到一个独立的电视台，所以我觉得它是有一定的意义的。中国希望告诉世界我们是和平崛起，中国的发展并不是对其他人有一种威胁，而更多的是大家相互合作和共赢。我觉得 CGTN 还是比较先进的。①

我们还成立了一个公司，叫中国环球广播电视公司，主要是为了解决很多体制上的问题，要延纳全球人才，还要用这个身份在国外进行商务运作。②

（三）重视观点类节目，打造品牌

CGTN 开播后，栏目"品牌化意识"大大增强，开始重视观点评论类节目的传播。北京总部以传播观点为主的英文电视谈话节目主要有《对话杨锐》（*Dialogue with Yang Rui*）、《薇观世界》（*World Insight with Tian Wei*）和《欣视点》（*The Point with Liu Xin*），主持人分别为杨锐、田薇、刘欣。《欣视点》基于主持人刘欣的个人视角，与嘉宾共同解读当日重大国际新闻事件。访谈栏目《对话》与《世界观察》则借鉴国际通行的"主持人中心制"，改版之后实现冠名，分别更名为《对话杨锐》和《薇观世界》，有助于打造名牌主持人，提升主播的品牌价值。改版后主持人更多参加编前会讨论，提升了策划意识，有利于主持人的深度参与，了解节目内容、深挖观点。

（四）报道尺度更加宽松

CGTN 对节目品质的要求逐渐提高。除了名称的改变，在理念上也存在重大变化。CGTN 更加突出新闻属性，拥有更大的自由度。

我到台里工作十几年，从写稿、做责编，到做制片人，一直在做英

---

① 根据 CGTN 副总监 C 的访谈，2017 年 8 月 15 日。
② 根据 CGTN 制片人 B 的访谈，2017 年 10 月 8 日。

语新闻。团队的名字有几次改变，随着整个节目的几次改版，节目编排和品质也有所提升，对大家的要求也越来越高，主要牵涉每个人具体内容的变化。①

比如春节联欢晚会节目，在没更名之前，要全程直播春晚；更名之后，对春晚的报道以新闻的方式呈现。目前，我们邀请中外的嘉宾和主持人在演播室，结合春晚现场的信号实时调整。对适合外国观众欣赏的节目切入直播信号，语言类节目或不适合的节目，通过主持人和嘉宾对春晚进行解读。在我们现在的节目里没有综艺节目和电视剧，只有少量的具有新闻属性的纪录片。②

但是我们其实也不可避免地要受到约束，涉及重大事件口径的还是比较严格的。外交部的说法会给节目一些参照，比如例行记者会、新闻发布会等，外交部的口径是我们把握的一个方向。一些特别重要的片子，播出还要通过相关部门的审核。③

本节介绍了全球化新格局下 CGTN 的角色，CGTN 在理念与实践层面有一定进步，下一节将探讨 CGTN 的实践框架。

第二节 CGTN 的传播实践：国际传播而非全球传播

一、国际传播

拉斯韦尔（Lasswell，1927）在《世界大战中的宣传技巧》中指出："就

---

① 根据 CGTN 制片人 D 的访谈，2017 年 8 月 25 日。
② 根据 CGTN 制片人 B 的访谈，2017 年 10 月。
③ 根据 2018 年 8 月与《对话杨锐》编导 A 的访谈。

广义而言，宣传是通过操纵表述以期影响人类行为的技巧。这些表述可以采用语言、文字、图画或音乐的形式进行。"① 他认为，一般而言，只有当行为对信源而不是对接收者有益的时候，才被称为宣传。②《简明大不列颠百科全书》也做了类似的阐释，"宣传是一种借助于符号（文字、标语、纪念碑、音乐、服饰、徽章、发式、邮票及硬币图像等），以求左右他人的信仰、态度或行动的有系统的活动。宣传均有明确的目的。为了达到目的，宣传家都以自己认为最有效的方式列举事实、陈述道理、施加影响"③。

随着全球化进程的加快，西方国家新闻传播界对宣传的负面解读影响了中国的实践。在此背景下，中共中央有关部门在 20 世纪 90 年代中后期决定，宣传一词的英语翻译不再用在西方语境下多为负面含义的"propaganda"，而是使用较为中性的"publicity"。时任外交部部长的唐家璇在全国外宣工作会议上曾提出八字方针，即"突出'外'字，淡化'宣'字"④。对外传播较对外宣传而言，更加淡化宣传，强调传播技巧。弃用宣传，而改用传播，在对外宣传领域，改对外宣传为对外传播是一大进步。

美国学者罗杰斯（Rogers，1922）首次提出"国际传播"（international communication）的概念，它强调"跨越国家和主权边界的传播行为如何服务于国家利益"⑤。罗杰斯认为，跨国公司和组织的活动也属于国际传播，但其侧重点在于通过传播扩大国家影响。国际传播是以民族国家为主体进行的跨文化交流与沟通，将国际社会的重要事件和变化传递给本国民众（由外向内）；把有关本国的政治、经济、文化信息传播给国际社会（由内向外）。国

① 拉斯韦尔. 世界大战中的宣传技巧 [M]. 张洁，田青，译. 北京：中国人民大学出版社，2003：4.
② 张昆. 重视国家形象的对外宣传与传播 [J]. 今传媒，2005（9）.
③ 拉斯韦尔. 世界大战中的宣传技巧 [M]. 张洁，田青，译. 北京：中国人民大学出版社，2003：4.
④ 孙宝国. 对外传播三组概念辨析 [J]. 北方传媒研究，2014（1）.
⑤ ROGERS W S. Interactional Electrical Communication [J]. Foreign Affairs, 1922, 1 (2): 144-158.

际传播涉及"政治、经济、社会、文化和军事等问题",它是跨越国际边界（across international borders）的传播（Fortner，1993）。国际传播是特定的国家或社会集团通过大众传播媒介，面向其他国家或地区的受众所进行的跨国传播或全球范围传播，它是世界各国、各地区政治、经济与文化发展综合实力的一个局部的具体体现（刘继南等，2002）。① 国际传播即特定的国际社会组织或集团利用大众传播媒介（传统媒介如报纸、期刊；电子媒介如广播、电视、音像制品、互联网）进行的跨越国家边界、跨越国家传播体制的交流（和轶红，2000）。② 国际传播是以民族、国家为主体进行的跨文化信息交流与沟通。广义的国际传播是指国与国之间的外交往来，包括首脑互访、双边会谈以及其他相关事务。狭义的国际传播指"以大众传播为支柱的国与国之间的传播"（程曼丽，2000）。郭可（2004）③ 认为国际传播主要指通过大众传播媒体，以民族国家和国际组织为主体的跨越民族国家界限的国际信息传播及过程。洪浚浩（2014）认为，国际传播研究的核心内容依然集中于不同国家间的信息流通，尤其是流通失衡及其相关问题，比如，文化和媒体霸权及跨国媒体产生的影响等问题。④

二、全球传播

"全球传播"的概念提出时（Frederic，1993），美国学者霍华德·弗里德利（Howard Frederick）将其界定为"个人、群体、组织、民众、政府以及信息技术机构跨越国界传递价值观、态度、意见、信息和数据的过程"⑤，用

---

① 刘继南，等. 国际传播与国家形象——国际关系的新视角［M］. 北京：北京广播学院出版社，2002：2.

② 和轶红. 新的国际关系历史时期的国际传播［M］//郭可. 国际传播学导论. 上海：复旦大学出版社，2004：5.

③ 郭可. 国际传播学导论［M］. 上海：复旦大学出版社，2004：6.

④ 洪浚浩. 国际传播研究重点的三大转变及其原因剖析［M］//史安斌. 全球新闻传播与新闻教育的未来. 北京：清华大学出版社，2014：61-75.

⑤ FREDERIC H H. Global Communication and International Relations，Belmont［M］. CA：Wadsworth，1993.

以描述技术赋权下不同传播主体实现多元化的目的。学术界普遍认为，国际传播和全球传播都涉及跨越国界的信息传播，但全球传播的范围更大，立足全球，而非国与国之间的国际性。

戴佳、史安斌在辨析"国际新闻"与"全球新闻"的过程中也涉及了"国际传播"和"全球传播"概念的探讨。① 戴佳、史安斌认为，国际新闻（international journalism）与全球新闻（global journalism）的根本区别在于是否存在"民族—国家"参照系。国际新闻的主体是代表"民族—国家"利益的新闻媒介，其目的是塑造"民族—国家"良好的形象，维护国家利益，往往渗透着社会动员。全球新闻还包括其他形式的利益诉求如公共利益等，其参与主体更加多元，力图超越国家立场看待全球问题。

在传统的国际传播中，传播主体是国家社会和国际组织；而在全球传播中，除上述两者发挥重要角色之外，传播主体更加多元，如各种跨国团体、企业甚至个人。全球传播的媒体除大众媒体外，还包括个人媒体（如国际电话、国际传真、电子邮件等）；国际传播中人们关注国家之间的双边和多边关系；而在全球传播中，关注世界范围内的问题，如和平发展、人口问题、资源问题和环境问题等。②

三、CGTN 的传播实践

由于国际传播的主体是国家，国际新闻报道中一定程度上体现着国家的态度和立场，而全球传播的主体更加多元，观点往往超越了国家立场。CGTN 创立初期在北京主持工作的总监江和平希望将 CGTN 建成"中国人开

---

① 戴佳，史安斌．"国际新闻"与"全球新闻"概念之辨——兼论国际新闻传播人才培养模式创新［J］．清华大学学报（哲学社会科学版），2014，29（1）：42-52，159．

② 刘继南，等．国际传播与国家形象——国际关系的新视角［M］．北京：北京广播学院出版社，2002：112-113．

办的面向世界的公共媒体平台（public media platform）"①。虽然 CGTN 名称中的 G 代表 Global 即"全球的"，体现了设立 CGTN 时的前沿性考量和全球视角，但 CGTN 在报道中难免立足于中国的国家立场，强调其国家媒体属性，同"公共媒体平台"和全球传播尚有较大差距，且短时期内难以改变。因此，笔者认为较于全球传播，国际传播更为契合 CGTN 目前的传播实践。

在全球化新格局下，CGTN 的成立在一定程度上标志着中国的对外传播从宣传向国际传播的转向和进步，从国际传播到全球传播的转变仍待着力。

第三节　CGTN 新闻生产流程

一、整合升级：CGTN 融媒体中心的建设理念

CGTN 融媒体中心的建设参考了"中央厨房"的模式。"中央厨房"是为了适应媒体融合背景下新闻报道生产的策划、采访、编辑、分发网络而建构的，它通过再造流程，设立调度中心，实现资源充分利用。

"中央厨房（news hub）"的概念最早是 BBC 提出的，BBC 新总部大楼建成了物理空间的中央厨房（如图 2-1）。"中央厨房"是一套新闻生产过程中资源整合的机制，它是为了解决媒体融合过程中，传统媒体报道和新媒体报道两张皮的问题。媒体机构通过建立一个统一的控制中枢来统筹采编资源，实现新闻内容的一次采集，然后加工成符合不同新媒体平台特征的模式，统一分发和监控。

---

① 江和平. 做大做强新时代的国际传播 [J]. 浙江传媒学院学报, 2018, 25 (5): 56-65, 133-134.

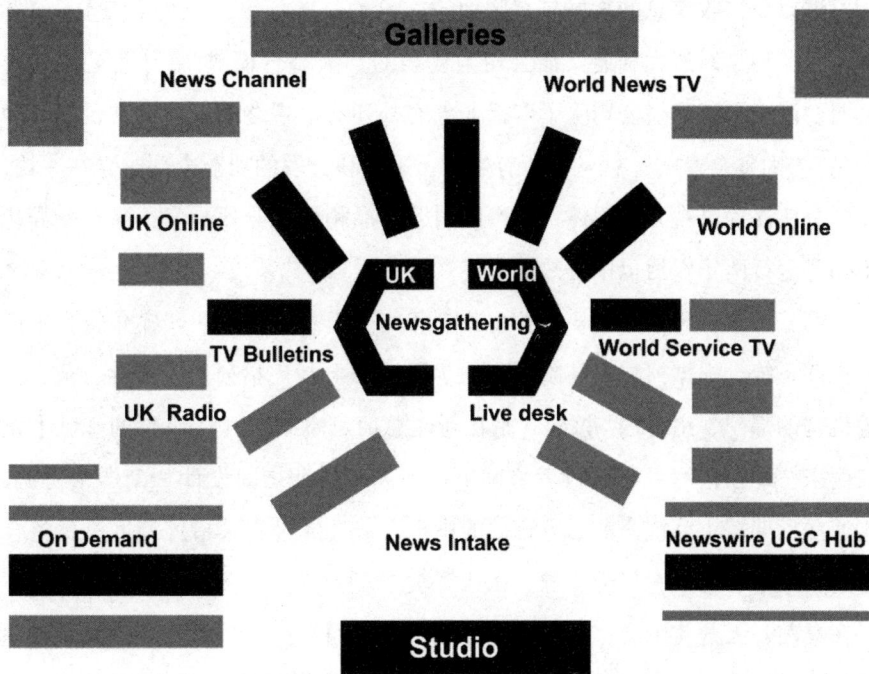

图 2-1　BBC 中央厨房示意图①

　　CGTN 调研发现，澳大利亚的三家著名媒体都引进过不同类型的"中央厨房"模式。第一种是"一键分发"型。澳大利亚《悉尼先锋晨报》（*The Sydney Morning Herald*）在 2011 年左右引进这种"中央厨房"模式。它的主要操作过程是根据前端的资料汇总，制作出统一的产品，再通过中央系统进行一键分发。"但是我们认为'一键分发'模式是不可能的。《悉尼先锋晨报》这个'一键分发'模式做了两年以后也取消了。因为新媒体的内容和电视的内容是有差异的。比如一个电视上的 15 分钟左右的专题片如果不加剪辑地放到新媒体平台，效果会大打折扣。不同媒体之间受众的使用场景和使

----

①　图片由笔者根据 CCTV 客户端制片人张欧 2018 年 12 月 19 日在传媒大学的讲座制作。

用习惯以及接收信息的喜好是有区别的。"①

第二种是以澳大利亚广播公司为代表的"大整合模式"。作为老牌传媒公司，澳大利亚广播公司除了广播业务之外还有电视终端、社交平台等其他产品。"大整合模式"就是把所有生产、采集和分发的功能全部整合在一块，不区分广播、电视和新媒体，生产的内容产品稍做区分便分发，平台差异化不强，运行两年以后也以失败而告终。

第三种是"Super Desk（超级工作桌）"模式，这是一套媒介内容生产的指挥系统。根据柯林斯高阶词典的解释，Desk 指广播公司、报社、杂志社等机构的部门、组等。② 该模式是在新闻总值班室制度（Desk）的基础上发展而来，即在指挥者和执行者之间、在前期和后期之间设计一个居中协调、沟通前后期需求、统合前后方资源的中控系统，通过它来指挥调度重新整合后的新闻中心的所有报道资源。Desk 不是物理意义上一张简单的桌子，也不是在桌前一天开 4 个会，它实实在在地嵌入新闻生产的每个环节，判断选题价值，调度指挥记者，评价新闻质量。Desk 服务着新闻生产环节中的每个人，为决策层提供战略和战术参考，为记者提供中观策划和信息保障，为后期提供编辑思路和评价反馈，让整个新闻系统高质量高效率运转。

在适应媒体融合环境的电视新闻生产流程中，Desk 将成为一个强大的信息处理中心和统筹协调指挥中心，它被应用于新闻生产流程的核心部门，这种升级整合的模式称为"Super Desk"。③

在该系统中，高层决策者发出指令，通过会议和系统分发资源和指令。澳大利亚联合通讯社（AAP）曾经推出过类似于"中央厨房"模式的"超级工作桌"场地，这里不仅集合了编辑、设计、技术人员，而且在采编平台设置了大屏幕，可以实时关注全世界各地重要新闻并对自采稿件的点击量、传播效果等

---

① 根据 CGTN 制片人 B 的访谈，2017 年 10 月 8 日。
② 其英文解释为：a particular department of a broadcasting company, or of a newspaper or magazine company, can be referred to as a particular desk.
③ 根据央视新媒体部熊江平在中国传媒大学的讲座整理，2016 年 12 月 10 日。

进行分析。① 遗憾的是，澳大利亚联合通讯社在出现重大新闻事件时才使用该系统，平时基本处于闲置状态，各组织机构之间缺少磨合对接的演练。一旦发生突发事件，各部门之间难以迅速协调和默契配合，最终以失败告终。

CGTN 采用的是整合升级版的"Super Desk"系统，最大的突破在于将该系统应用到日常工作中，各组织机构之间有机会不断地进行调试和配合，避免了澳大利亚联合通讯社因缺乏日常磨合而失败的问题。CGTN 的融媒体中心在 2017 年 10 月正式投入使用，融媒体中心不是一个部门，而是一个媒体融合生产的机制和平台，力求实现三个最大化——内容和资源共享最大化、报道和整合资源最大化以及新闻数据抓取的最大化。

二、全球化轮盘的圆桌新闻策划机制

CGTN 的融媒体中心采用"从多形式采集，多平台共享，多渠道、多终端、多语种分发"的策略。② 它概括了前端如何采集，传播过程如何资源共享，后端如何到达用户。在电视节目生产流程方面将其概括为采访、编辑、播出、存储、使用。

> 可能大家不相信，中央电视台内部的资源并不是打通的。新闻中心可以调用财经频道或者体育频道的这些内容，但是调用的是播出内容。播出内容是包装处理的，有时候是没有那么好用的。对于我们来说，我们需要的是原始素材，需要自己去编辑和加工。目前，我们的融媒中心第一次在台内实现了资源共享。这是具有标志性意义的，是一种新的尝试。③

BBC 在转型初期缺少全媒体机制。采集前端分工不明确，视频记者要承

---

① 章先清. 澳大利亚媒体"中央厨房"模式失败的原因及启示 [J]. 传媒，2017 (2).
② 江和平. 新时代新战略新探索 CGTN 重新定义融合传播 [J]. 电视研究，2018 (1).
③ 江和平. 新时代新战略新探索 CGTN 重新定义融合传播 [J]. 电视研究，2018 (1).

担电视、新媒体等多平台的报道工作，前方记者的工作量大大增加，尤其是在时效性要求很高的突发新闻报道中，往往顾此失彼。CNN 分为国内部和国际部，并使用不同的管理协调系统（如图 2-2）。CNN 在媒体转型初期不重视新媒体的差异化，只是认为多了一个渠道，将电视平台的内容几乎无差异化地在新媒体平台分发，弱化了传播效果。CNN 后期重视对电视端影像的二次开发，以适应移动端平台。

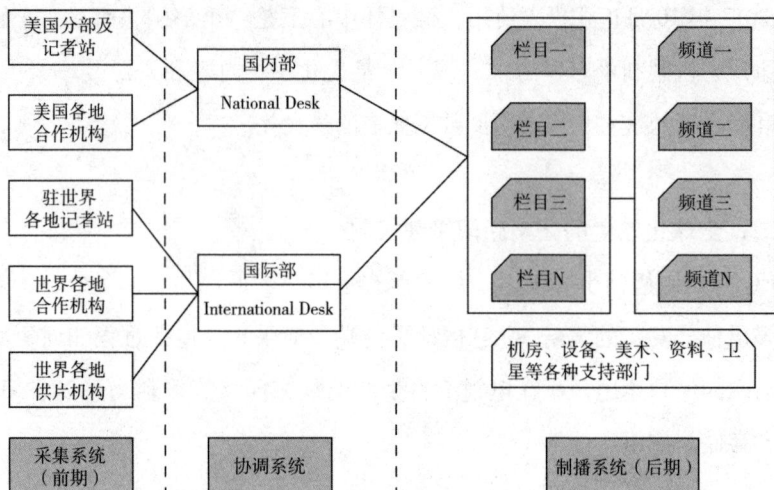

图 2-2　CNN 新闻生产流程图①

媒体的前端有所不同，基于电视平台和移动终端的媒介特点和节目语态都存在差异。从直播来讲，电视直播比较传统和正统一些，新媒体直播需要更多的元素，语态更加轻松。CGTN 前端分工明确，根据不同的媒体类型进行采集。

CGTN 环球融媒体中心建成并投入使用后，整合编辑力量，前期方案策划、中期报道支持、后期编辑分发，都离不开升级的指挥中心（Super

---

① 图片根据央视新媒体部熊江平在中国传媒大学的讲座制作，2016 年 12 月 10 日。

Desk）。目前采用编辑中心指挥系统"Super Desk"每天在频道的范围内进行四次圆桌新闻策划会议。频道的各栏目部门每天上午、下午分别召开选题会。CGTN 根据全球不同国家和地区时差进行全球分时区编排，24 小时播出。在北京时间每天晚上 9 点的编辑会议中，北京总部媒资组、北美分台和非洲分台的负责人士将会利用"Super Desk"系统进行视频会议，讨论第二天的重点报道选题，共享媒体资源。各栏目会根据时间开编前会，进行头脑风暴，商讨如何报道本日的节目。每周四下午在频道范围内召开周策划会，策划下一周的报道；每周二下午召开 CGTN 全体会议，总结各个部门机构一周的工作情况，并对重点的策划报道提前做出安排。

表 2-2　CGTN 新闻生产过程的主要会议介绍

会议性质	会议时间（北京时间）	会议内容	参加人员
栏目策划会	依据栏目播出时间	讨论栏目本日报道内容	栏目成员
Super Desk 系统的频道会议	每天上午 9：00	提报选题	全球相关部门
	每天下午 14：00	重点选题策划会（日策）	频道相关人员
	每天下午 16：00	策划总结	频道相关人员
	每天晚上 21：00	媒介资源交流	全球相关部门
频道每周策划会	每周四下午 13：30	策划下一周的重点报道	频道相关人员
CGTN 周总结会	每周二下午	总结一周的报道工作	全体人员

　　上午的早会对每天早上的材料进行一次部署，今天应该重点关注什么、报道什么、放大什么，选择的方向是什么，因为各个媒体和信息员来了以后进行汇总集中，会对大致的新闻走向有合理的预估，各个栏目会了解其他栏目的节目从什么角度来报道。①

　　我个人认为英语早上报题会的意义超过中文。中文早上报题会实际上是夜间发生的东西，早上 9 点钟之前，新闻并没有爆发出来。从国内

————————

① 　根据 CGTN 策划组编辑 E 的访谈，2017 年 9 月 21 日。

新闻的规律看早上 9~10 点是新闻的高发期。由于全球办公的原因不得不早开。晚上 9 点左右还有一次会议,对于英语(新闻)频道的意义更大,因为它是全球轮盘制作节目,我们的夜间正好是国外新闻高发的时候。①

笔者通过列席会议发现,栏目的头脑风暴会的气氛相对轻松、高效,参会的成员主要有当天负责的制片人、责编、策划、写稿人和主持人,通过观点的交流加深了对选题的认识,主持人参与策划过程也使其对节目的把握更加游刃有余,尽量避免照本宣科地朗读稿子,增加了与观众的交流感,节目品质有所提升。

"Super Desk"系统是为了服务新闻生产环节中的每个人,为决策层提供战略和战术参考,为记者提供中观策划和信息保障,为后期提供编辑思路和评价反馈,让整个新闻系统高质量高效率地运转。"Super Desk"系统设计四个会议的初衷是让报道人员广泛交流意见,互通有无。但是在实际过程中需要头脑风暴产生观点碰撞,"策划会"往往成为"意见传达会"或"报题会"。分管的副总监全程参加,与会人员 20 人左右,会议时间 0.5~1 小时。会议的流程是当天的栏目责编——介绍策划方案,在形式上更多是"念稿子"式的汇报,少有交流和探讨。甚至有编辑表示,过多的会议占用和分散了策划报道的时间,会议或许效果有限。"融媒体中心希望的是常态的策划会。策划不应该在会上,会上应该去决策。平时工作中,一个选题进来,就开始进行策划。"②

三、物理空间的再利用与组织机构革新

CGTN 成立后的办公地点是位于北京光华路的央视大楼新址。据 CGTN

① 根据 CGTN 策划组编辑 E 的访谈,2017 年 9 月 21 日。
② 根据 CGTN 制片人 D 的访谈,2017 年 8 月 25 日。

的管理人士介绍，BBC 的"中央厨房"是融合新闻生产的理想物理空间，但是受到目前办公大楼设计的限制，不能完全实现。目前光华路办公区的 10 楼演播中心，比较现代化。演播室设备先进，本来是给中央电视台新闻联播准备的，由于各种原因央视新闻中心没有搬迁至光华路新址。

2017 年 10 月 10 日，CGTN 融媒中心建成启用，它建立的目的是打破频道、栏目、平台之间的壁垒，注重电视节目和新媒体内容的差异化。融媒体中心的物理构建还是非常先进的，它位于央视新址大楼 26 层，但生产环节还是在主演播区域（10 楼），包括稿件撰写、稿件修改、节目剪辑制作、节目包装、演播、导播等环节。在融媒体中心，CGTN 各个频道、各个栏目的策划以及"Super Desk"指挥中心人员都会合署办公。记者、编辑、设计人员、技术人员共享办公空间，采编平台大屏幕实时显示全球主要媒体重要新闻。"Super desk"系统还可以分析自采稿件的点击量、传播路径、传播效果等数据，并在大屏幕上实现快速的可视化呈现。

　　这就相当于各个栏目的代表各个口都会有一个人坐在融媒体中心，有任何一个事情发生需要协同作战的时候，确保每一个需要操作的组都知道这件事情我们需要做哪一块。现有办公环境的优点是"Super Desk"的人都在这个地方，如果有连线和突发新闻方便面对面直接沟通，远比工作邮件、电话、微信方便。原来的物理空间就是隔离开来的。融媒体中心成立后，国际组"Super Desk"会搬到 26 楼，在物理空间上和我们（滚动新闻组）的策划部是在一起的。也就是我们所有对"Super Desk"的需求以及"Super Desk"给我们的指令，全部通过我们的责编和策划来中转。目前的 10 层新闻中心也有不方便的地方，比如工位不足。如果是规整的物理排法，可以多出 1/3 的工位，所以做滚动新闻的人员按照节目播出时间分好几个批次来，一直没有固定工位。①

----

① 根据 CGTN 制片人 D 的访谈，2017 年 8 月 25 日。

融媒体中心的所有资源是打通的，被各个平台共享。每个编辑前面都有一个实时抓取的新闻数据大屏幕，其中包括 70 家国外的新闻机构，还有 2.5 万多家网络媒体的新媒体数据，提供给采编人员参考。视频数据库的专业化水平仍有待提高，如还可以进行科学化标签编码，建立易于搜索调用的资料体系，避免耗费大量时间进行人工搜索。制片人认为，媒体资源应当优先给新媒体发布，然后汇入媒体资源池（媒资池），再提供给电视端，最后再回到媒资池。新媒体反哺频道，频道输出内容给新媒体，形成良性循环。①

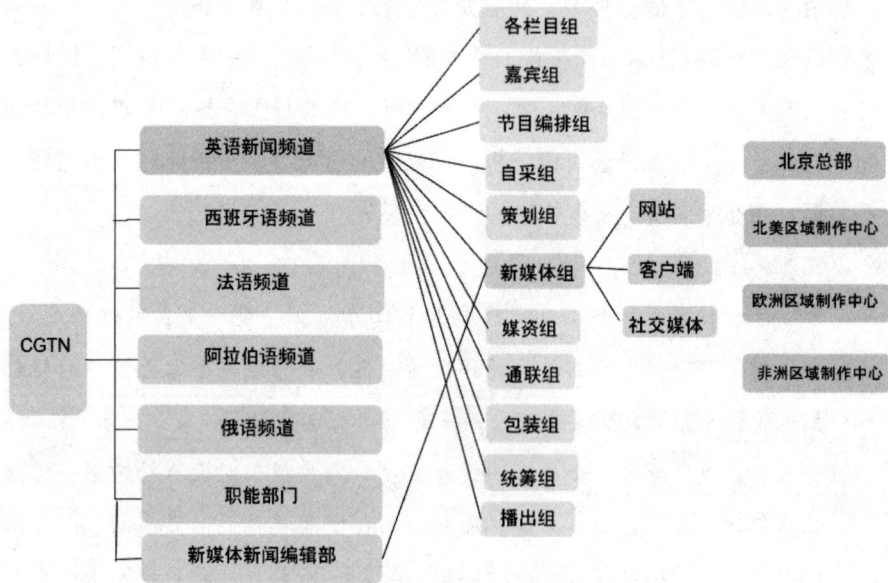

图 2-3　CGTN 组织架构示意图

融媒体中心最大的意义是架构的革新：频道扁平化，5 个频道和新媒体成为平行的组织，目前的新媒体的专业人员有 130 人左右，频道的自采力量各个部门都服务于整个中心。除了可以实时共享台内的媒介资源，融媒体中

---

① 根据 CGTN 制片人 D 的访谈，2017 年 8 月 25 日。

心还融合了全球 2.5 万余家网络媒体和 70 多家权威媒体机构的信息，应当最大化地利用这些资源，并实现优化配置。

融媒中心成立以后，我们的提法是大屏和小屏同屏共振。我认为大屏和小屏是有区别的，不一定大屏一定要带动小屏，小屏不一定服务于大屏。它们的作业应该是等量齐观的，需要有这个意识才能做媒体融合。如果你抱着电视不放，可能永远不能往前。我们总是放不下电视，所以在做新媒体的时候总是有点慢。①

目前对于整个 CGTN 而言，前端 CGTN 最大的变化就是它的记者和前方的报道资源不再隶属于频道，这是具有标志性意义的。以前，报道人员首先是频道的记者，现在是 CGTN 的记者，为 CGTN 媒资池发稿，不再只对频道负责。CGTN 英语新闻频道下设滚动新闻（组）、今日亚洲（组）、财经（组）、中国 24（组）、体育（组）、文化（组）、对话杨锐（组）、薇观世界（组）、欣视点（组）、环球纪实（组）、中国再发现（组）、旅游指南（组）、海客谈（组）、走近中国（组）、亚洲观察（组）等节目组别。除了上述以具体节目为依托的组别之外，还有自采（组）、通联（组）、策划（组）、运营（组）、节目编排（组）、统筹（组）、嘉宾（组）、共享（组）、播出（组）、包装（组）等。节目部门依据自身情况向新媒体组供稿。CGTN 通过融媒体中心的机构设置和 Super Desk 的管理模式，探索团队协同合作机制。

滚动新闻组按照上班时段分为早间组和晚间组。策划组属于 "Super Desk" 系统，负责整个频道的策划，我们也有自己的节目策划，主要做中长期的策划、每周的选题策划、提供报道的观点角度等，每天还会有当天的日策（每天的策划）。现在节目策划加入了以前在 CGTN 研究国

---

① 根据 CGTN 制片人 D 的访谈，2017 年 8 月 25 日。

际关系的学者，在早上的选题会上会给出具有建设性的参考意见，提供不同学科的视角。由于其学科背景，他也帮助联系嘉宾，逐步完善智库建设。

训练有素的团队负责人（experienced director）做日策责编的时候，除了要搜集信息（information collection）和呈现观点（present ideas），还要从节目制作的角度来对它进行一些设计。比如哪些信息适合做图表（graphics）、哪些适合做一条完整的新闻（package），哪些节目适用访谈来呈现等。电视编辑需要考虑用什么样的电视表现形式来呈现。如果遇到自己解决不了的技术问题，比如设计背景板、VR 动画等，就要与包装组、索贝（组）等技术部门联络，合作实现。[1]

CGTN 新闻生产流程采用整合的"Super Desk（超级工作桌）"模式，在日常工作中采用全球化轮盘新闻策划机制，融媒体中心在架构上采用"扁平化"的设计理念，突出新媒体资源的整合，力求实现内容和资源共享最大化、报道和整合资源最大化、新闻数据抓取的最大化。CGTN 期望通过专业化的国际新闻报道和以视频为主的全媒体平台，在话语体系、价值理念、内容结构、编排思想、传播渠道等多方面形成符合新闻传播规律和世界舆论普遍接受的话语表达，建立中国在世界信息与传播秩序中的应有地位。

本章小结

本章分别从 CGTN 成立的动因及历史沿革、传播实践、新闻生产流程等角度分析 CGTN 的国际传播布局。

CGTN 的成立是中国媒体"走出去"战略的标志性事件。CGTN 的含义

---

[1] 根据 CGTN 策划组编辑 E 的访谈，2017 年 9 月 21 日。

分别为：C——China，立足中国，表明了国家媒体属性；G——Global，面向全球，力求实现全球性传播；T——Television，拥有电视平台资源，在利用视听影像手段报道和传播方面具有优势；N——Network，表明从建立之初就被赋予了互联网属性。CGTN 不是一个传统电视台，而是一个多语种、多平台的融媒体传播机构。

由于国际传播的主体是国家，国际新闻报道中一定程度上体现着国家的态度和立场，全球传播的主体更加多元，观点往往超越了国家立场。虽然CGTN 名称中的 G 代表 Global 即"全球的"，体现了设立 CGTN 时的前沿性考量和全球视角，但 CGTN 在报道中难免立足于中国的国家立场，强调其国家媒体属性，同"公共媒体平台"和全球传播尚有较大差距，且短时期内难以改变。

CGTN 新闻生产流程采用整合的"Super Desk（超级工作桌）"模式，这是一套媒介内容生产的指挥系统。该系统是在新闻总值班室制度（Desk）的基础上发展而来的，即在指挥者和执行者之间、在前期和后期之间设计一个居中协调、沟通前后期需求、统合前后方资源的中控系统，通过它来指挥调度重新整合后的新闻中心的所有报道资源。CGTN 融媒体中心力求实现内容和资源共享最大化、报道和整合资源最大化、新闻数据抓取的最大化。

第三章

他山之石：海外全球性媒体的经验参考

　　从世界范围看，CGTN 同类型的竞争者主要包括 BBC、CNN、半岛电视台和 RT。本章将对上述四个全球性新闻媒体的定位与特点进行分析（尤其关注以视频为主的传播样态），为 CGTN 的发展提供可资借鉴的经验。本章涉及 BBC、CNN、半岛电视台、RT 等机构的崛起与发展，尤其关注 CNN 和 RT，因为前者是发展较早，相对成熟的媒体，后者是近年来迅速崛起的反西方主流的媒体，对中国 CGTN 国际传播建设的思考更有参考价值。

　　中央电视台的调研显示，依据成立时间、发展阶段、影响力等多种因素和指标，具有全球影响力的新闻媒体大致可以分为 3 个梯次（见图 3-1）。[①]第一个梯次包括 20 世纪 80 年代在全球崛起的 BBC 和 CNN。需要说明的是，BBC 和 CNN 都是西方世界的老牌全球性媒体，具有典型的"覆盖全球、报道世界、影响世界"的跨国传播特征，报道、布局和运营都非常成熟，同时具有较强的国际传播力和影响力。从建立的时间上看，虽然 BBC 早于 CNN，但是由 CNN 开启的 24 小时全天候新闻播报模式成为现代国际新闻传播的典范。1985 年，CNN International（CNNI，CNN 国际）向欧洲 24 小时播放新闻节目，这是世界上第一个具有跨国传播能力和开展跨国传播与经营的国际电

---

　　① 来源于中央电视台的调研，参考 2017 年 12 月 19 日中央电视台外语频道综合部统筹组制片人陈涛在中国传媒大学新闻实务班的讲座，张修权、许乃显整理。

视新闻频道。CNN 因为其出色的新闻前线现场报道，在海湾战争和 "9·11 事件" 报道中脱颖而出。

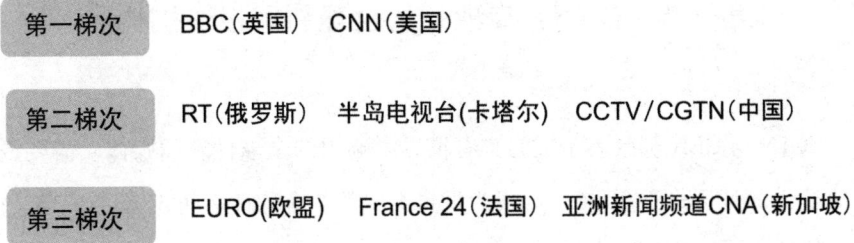

第一梯次	BBC（英国）　CNN（美国）
第二梯次	RT（俄罗斯）　半岛电视台（卡塔尔）　CCTV/CGTN（中国）
第三梯次	EURO（欧盟）　France 24（法国）　亚洲新闻频道CNA（新加坡）

图 3-1　全球新闻媒体发展格局

第二梯次的媒体在 1996 年前后建立，主要是 RT（当时是 RT 的前身）、半岛电视台以及中国的中央电视台（CCTV，中央电视台的部分频道和资源整合并入 CGTN）。第三梯次是 2000 年前后发展起来的，比如欧盟的 EURO、France 24（法兰西 24 频道）、新加坡的亚洲新闻频道（Channel News Asia，CNA）等。

主要全球媒体如图 3-2 所示共有 5 家，本章在顺序上，先比较 CNN，再介绍 BBC World News（BBCWN，BBC 世界新闻），接下来分析半岛电视台和 RT。

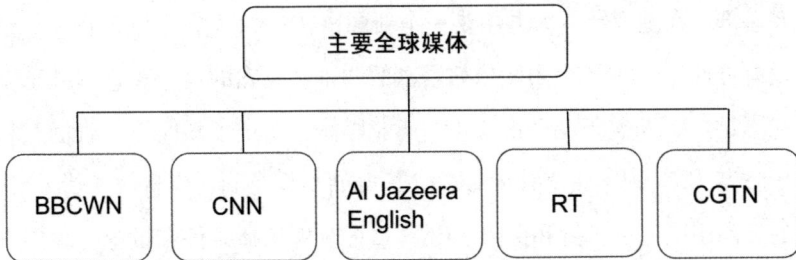

```
                    主要全球媒体
   ┌─────────┬─────────┼─────────┬─────────┐
 BBCWN      CNN    Al Jazeera    RT       CGTN
                    English
```

图 3-2　主要全球媒体的比较

半岛电视台的崛起改变了中东和北非的新闻格局，挑战了西方媒体机构国际新闻报道的垄断地位。RT 吸引欧美国家的受众，形成与西方主流媒体不同的舆论场。

第一节　CNN：专业化的全球新闻报道机构

CGTN 与 CNN 都致力于成为具有世界影响力的全球性新闻媒体。需要说明的是，CNN 运作近 40 年，已成为世界上成熟的全球性新闻媒体；CGTN 成立虽然只有 3 年的时间，但已在很多方面崭露头角，仍有继续发展的空间。CNN 组织架构和新闻传播布局对年轻的 CGTN 有较大的参考价值，故而将两者比较。

一、CNN 国际传播的历史

CNN（Cable News Network）即有线电视新闻网，发源于美国一个通过有线电视与卫星电视 24 小时播出的新闻频道，现在是国际著名的多媒体新闻平台（multi-media platform）。由泰德·特纳（Ted Turner）于 1980 年创办，由华纳旗下的特纳广播公司所有（Turner, a Warner Media Company）。

其总部所在地亚特兰大并不是一个新闻富矿，CNN 在华盛顿特区、纽约等地设有分部。CNN 各个团队依靠紧密的联系、成熟的运作和资源共享来弥补上述不足。CNN 属于完全市场化的商业媒体，实现了新闻与广告的互相促进，1985 年 CNN 国际频道开播后，CNN 开始实现盈利，广告收入为 CNN 专业化的新闻团队提供支持和保障。CNN 重视改善传播条件和设施，为用户提供高品质的服务。CNN 75%的员工有当地新闻（local news）的工作经验，平均从业时间 10.56 年。

CNN 拥有 24 个子品牌网络（branded networks），43 个国内和国际分部（domestic and international bureaus），44 个编辑运营中心（editorial operations），4000 名全球员工，覆盖美国的 9100 万户家庭，CNN International

（CNN 国际）覆盖全球超过 3.73 亿户家庭，100 万通过自媒体上传新闻的用户（iReporters）。CNN Digital 是排名第一的在线新闻终端，每月定期在全球注册近 2 亿独立访客。

二、CGTN 与 CNN 现有的频道和部门比较

（一）CGTN 与 CNN 都有的频道或部门

如表 3-1 所示，CGTN 与 CNN 都有的频道或部门包括英语新闻频道、西班牙语频道和影像部门。CGTN 的制作中心分布在北京、华盛顿、伦敦、内罗毕。覆盖全球电视用户 3.87 亿，新媒体用户超过 1 亿。CNN International 覆盖全球超过 3.73 亿户家庭和 27 个美国以外的分部。CNN 国际依据区域划分了 5 个不同的新闻供应机构（separate feeds）：CNN 国际欧洲/中东/非洲、CNN 国际亚太（Asia Pacific）、CNN 国际南亚（South Asia）、CNN 国际拉丁美洲（Latin America）和 CNN 国际北美（North America）。CGTN 西班牙语频道由原来的 CCTV 法语和西班牙语频道拆分而成，全天 24 小时不间断播出。CGTN 西语频道脸书账号粉丝量达到 1446.1 万，账号粉丝覆盖墨西哥、秘鲁和阿根廷等 24 个西语国家和地区，帖文总阅读量超 16 亿，视频观看量达 1.59 亿次，互动量达 5380 万次。CNN 西班牙语频道的制作分布在布宜诺斯艾利斯、哈瓦那、耶路撒冷、伦敦、洛杉矶、墨西哥城、迈阿密、纽约和华盛顿。在拉丁美洲有超过 4000 万家庭成为 CNN 西班牙语频道的用户。西班牙语频道在美国和波多黎各（Puerto Rico）拥有 740 多万家庭用户，CNN 西班牙语脸书账号粉丝量为 1208 万。

在影像方面 CGTN Documentary（纪录频道）以英语广播为主，频道全天 24 小时不间断播放纪录片。CNN Films 则是 CNN 的电影部门，它不是通过电视频道播放电影，而主要致力于制作电影。它的第一部电影 *Girl Rising* 于 2013 年春季在美国首映。

表 3-1 CGTN 与 CNN 都有的频道①

	名称	创立时间	简介
英语新闻频道（English）	CGTN	1997-09-20	原 CCTV News。制作中心：北京、华盛顿、伦敦、内罗毕。覆盖全球电视用户 3.87 亿，新媒体用户超过 1 亿
	CNN International	欧洲 1985 亚太 1989 拉美 1991 南亚 2000 北美 2000	CNN International 覆盖全球超过 3.73 亿户家庭和 27 个美国以外的分部。CNN 国际依据区域划分了 5 个不同的新闻供应机构（separate feeds）：CNN 国际欧洲/中东/非洲、CNN 国际亚太（Asia Pacific）、CNN 国际南亚（South Asia）、CNN 国际拉丁美洲（Latin America）和 CNN 国际北美（North America）
西班牙语频道（Spanish）	CGTN Español	2007-10-01	此前名称 CCTV-E/CCTV Español，CGTN 西班牙语频道由原来的中国中央电视台西法语频道中的西班牙语节目拆分而成，全天 24 小时不间断播出。CGTN 西语频道脸书账号粉丝量突破 1000 万（1446.1 万），账号粉丝覆盖墨西哥、秘鲁和阿根廷等 24 个西语国家和地区，帖文总阅读量超 16 亿，视频观看量达 1.59 亿次，互动量达 5380 万次
	CNN EN Español	1997-03-17	Bureaus（分部/局）：布宜诺斯艾利斯、哈瓦那、耶路撒冷、伦敦、洛杉矶、墨西哥城、迈阿密、纽约和华盛顿。拉丁美洲有超过 4000 万家庭用户，美国和波多黎各（Puerto Rico）有 740 多万家庭用户。CNN 西班牙语脸书账号粉丝量为 1208 万

① 本文主要研究 CNN International，即国际新闻部分，另有 CNN US（设立于 1980 年），24 小时的英语新闻频道，主要受众是美国境内用户。

续表

	名称	创立时间	简介
影像（English）	CGTN Documentary（纪录频道）	2011-01-01	此前名称为 CCTV-9 Documentary，中国环球电视网纪录频道以英语广播为主，频道全天 24 小时不间断播放纪录片
	CNN Films（电影）	2012-10-08	CNN Films 是 CNN 的电影部门，不是通过电视频道播放电影，而是制作电影。它的第一部电影 *Girl Rising* 于 2013 年春季在美国首映

（二）CNN 独有频道和品牌

CNN 重视数字媒体的发展，专门设立 CNN Digital Worldwide（世界数字）品牌，旗下有 CNNgo（下一代新产品）、CNN. com（网站），CNNi. com（针对国际用户的网站），以及展现世界人物的短视频栏目 Great Big Story（详见表 3-2）。此外，其新闻媒体资源丰富，CNN News Source（新闻源）的品牌囊括北美 900 多家当地新闻分支机构和 200 多家国际分支机构，覆盖全球 200 多个国家和地区的 20 亿人口。CNN 旗下频道可以使用大编辑部的资源。

此外在全球化进程中，CNN 重视利用本土化资源，将国际新闻内容产品进行本土化的"二次加工"，更加符合当地用户的需求。CNN 在智利、日本、印度、土耳其、菲律宾等国家以合作伙伴、共同出资等多种形式使节目落地，节约了成本。比如 CNN 的菲律宾语频道就和当地的 Nice Media Corporation 媒体公司合作，使约 780 万用户可以通过免费电视（free-to-air television）和菲律宾的有线电视的分支机构（cable affiliates in the Philippines）收看新闻，其内容是本地新闻和国际新闻的结合。CNN Türk（土耳其语频道）由特纳公司和土耳其的 Dogan Media Group 共同出资。它是第二个 CNN 旗下使用本土语言提供新闻服务且运营和决策中心不在亚特兰大的品牌，超过 1300 万用户通过地面电视、有线电视和卫星以及 cnnturk. com 和 tv. cnnturk. com 收看该频道。印度的 TV18 频道与 CNN 合作运营 CNN-

News18 频道。该频道到达印度 4500 万有线电视和卫星电视用户，两家媒体以合作的方式向用户提供全球新闻与本地新闻内容，CNN 提供全球新闻内容，印度方面提供本地内容，便于本土化传播。

表 3-2　CNN 独有频道和品牌

名称	语言	建立时间	简介	影响
CNN Digital Worldwide	English	1995	CNNgo（下一代新产品），CNN. com，CNNi. com，Great Big Story	全球百万用户
CNN News Source	English	1987-10-19	北美 900 多家当地新闻分支机构和 200 多家国际分支机构，覆盖全球 200 多个国家和地区的 20 亿人口	总部位于亚特兰大，纽约、华盛顿和洛杉矶设有分部。CNN 旗下频道可以使用 News Source 的资源
CNN Chile	Spanish	2008	本地新闻制作中心：Santiago（共享 CNN 全球资源）	A joint - venture between CNN and Liberty Global's VTR（CNN 和合作公司共同投资）
CNN Indonesia	Bahasa Indonesia	CNNIndonesia. com 2014-10-20 24 小时电视新闻频道 2015-08-17	是下列公司的合作伙伴：Turner Broadcasting System Asia Pacific，Inc. & PT Trans Media Copora	在印度尼西亚有 170 万用户，使用免费或付费电视收看（free - to - air television and pay-TV platform）
CNNj	English with Japanese translation	2003-03-01	与日本有线电视台合作	到达日本 660 万家庭、酒店、政府办公区等（CNNj 使用 CNN International 的内容）

续表

名称	语言	建立时间	简介	影响
CNN-News18 （formerly CNN-IBN）	English	2005-12-05	与当地印度电视台合作	到达印度 4500 万有线电视和卫星电视用户，以特殊合作的方式向用户提供全球新闻与本地新闻内容（CNN 提供全球新闻内容，印度方面提供本地内容）
CNN Philippines	English （with news bulletins in local languages）	2015	和当地的 Nice Media Corporation 媒体公司合作	约 780 万用户通过免费电视（free-to-air television）和有线电视在菲律宾的分支机构（cable affiliates in the Philippines）收看新闻。内容是本地新闻和国际新闻的结合
CNN Türk	Turkish	1999	由特纳公司和土耳其的 Dogan Media Group 共同出资	CNN Türk 是第二个 CNN 旗下使用本土语言提供新闻服务且运营和决策中心不在亚特兰大的品牌，超过 1300 万用户通过地面电视、有线电视和卫星，以及 cnnturk.com 和 tv.cnnturk.com 收看该频道

（三）CGTN 独有频道和品牌

法语频道、阿拉伯语频道和俄语频道是 CGTN 独有而 CNN 没有的（如表 3-3 所示）。CGTN Français（法语）频道成立于 2007 年，由 CCTV Français 发展而来，CGTN 数据显示，2018 年上半年，CGTN 法语频道新媒体全平台共完成 240 余场移动直播，目前各社交平台粉丝数超 1520 万，新增粉丝数达 700 万，用户覆盖全球 60 多个国家和地区，共完成百余条报道和 15 场新媒体直播。CGTN Arabic（阿拉伯语）频道成立于 2009 年，此前名称 CCTV Arabic，频道通过卫星传输电视信号覆盖中东和北非地区，同时也覆盖亚太地区。阿拉伯国家观众使用家庭卫星接收天线即可收看来自中国的阿拉伯语频道的节目。现有 Facebook 订阅用户 1441.4 万，以 Facebook、YouTube、Twiter 等海外社交平台为渠道。利用沙特、埃及、巴勒斯坦、伊拉克、叙利亚、黎巴嫩、美国海外报道员资源，加强对中东地区热点问题的本土化报道。① CGTN Russian（俄语）频道，此前的名称为 CCTV Russian，该频道为央视继中文国际频道、英语国际频道、西班牙语国际频道、法语国际频道和阿拉伯语国际频道之后开播的第 6 条国际频道，现有 Facebook 用户 974.9 万。

表 3-3　CGTN 独有频道和品牌

频道名称	创立时间	简介
CGTN Français（法语）	2007-10-01	此前名称：CCTV-F，CCTV Français。2018 年上半年，CGTN 法语频道新媒体全平台共完成 240 余场移动直播，目前各社交平台粉丝数超 1520 万，新增粉丝数达 700 万，用户覆盖全球 60 多个国家和地区，共完成百余条报道和 15 场新媒体直播
CGTN Arabic（阿拉伯语）	2009-07-25	此前名称 CCTV Arabic。阿拉伯语频道通过卫星传输电视信号覆盖中东和北非地区，同时也覆盖亚太地区。阿拉伯国家观众使用家庭卫星接收天线即可收看来自中国的阿拉伯语频道的节目。现有 Facebook 订阅用户 1441.4 万，以 Facebook、YouTube、Twitter 等海外社交平台为渠道。利用沙特、埃及、巴勒斯坦、伊拉克、叙利亚、黎巴嫩、美国海外报道员资源，加强对中东地区热点问题的本土化报道

---

① 需要说明的是 CNN 阿拉伯语栏目是办公区域位于迪拜的新闻网站，于 2002 年 1 月 19 日设立。CNN 阿拉伯语栏目是 CNN.com 的一部分，而不是电视频道，它从阿拉伯的角度提供国际新闻，不断更新地区和国际发展。CNN 阿拉伯语网站由一些专业经验丰富的阿拉伯记者管理。

续表

频道名称	创立时间	简介
CGTN Russian（俄语）	2009-09-10	此前名称 CCTV Russian，该频道为央视继中文国际频道、英语国际频道、西班牙语国际频道、法语国际频道和阿拉伯语国际频道之后开播的第 6 条国际频道，现有 974.9 万 Facebook 用户

三、国际新闻全球制作机构的布局

如表 3-4 所示，CGTN24 小时轮盘式进行国际新闻生产，总部位于北京（中国），国际新闻分中心分别位于伦敦（英国）、华盛顿（美国）、内罗毕（肯尼亚）。北京时间每天清晨和晚上，进行两次全球编前会，统筹总部和分台资源，各个分台相对独立地采访、制作、播出新闻。CNN 总部位于亚特兰大（美国），另有伦敦（英国）、阿布扎比（阿联酋）、香港（中国）等国际新闻分中心。CNN 除了全球国际新闻分中心，旗下还设有国际新闻资源团队、附属机构内容中心、国际新闻制作中心、标准化培训项目等。机构更加注重专业分工，国际新闻资源团队（CNN International Newsource Team）的职责是帮助全球附属机构利用 CNN 的内容、资源和服务。国际新闻资源团队为附属机构提供全天候电话和邮件支持，帮助策划报道大型新闻活动、重大新闻事件的提醒，拥有超过 10 万小时的影像档案资料库。CNN 拥有强大的国际新闻附属机构网络，CNN 附属机构内容中心（CNN Affiliate Content Center）在收集区域新闻（regional newsgathering）方面有独到之处，每个附属机构内容团队都负责一个地区，深入了解该地区的情况，拥有专业的新闻从业者，员工 24 小时与中心协作，以提供更高质量的内容，地区新闻报道量是其他机构的 3～4 倍。CNN 国际新闻制作中心（CNN International Production Center）通过 CNN 在亚特兰大的全球总部以及伦敦和香港制作中心的国内和国际任务办公室进行协调。

表 3-4 国际新闻制作中心全球布局

机构	总部	国际新闻分中心		
	北京（中国）	伦敦（英国）	华盛顿（美国）	内罗毕（肯尼亚）
CGTN	CGTN 北京总部、北美分台、欧洲分台、非洲分台 24 小时轮盘式进行国际新闻生产，北京时间每天清晨和晚上，进行两次全球编前会，统筹总部和分台资源，各个分台相对独立地采访、制作、播出新闻			
CNN	亚特兰大（美国）	伦敦（英国）	阿布扎比（阿联酋）	香港（中国）
	CNN International Newsource（INS）Team（国际新闻资源团队） 帮助全球附属机构利用 CNN 的内容、资源和服务。全天候电话和邮件支持，帮助策划报道大型新闻活动、重大新闻事件的提醒（alerts including media advisories，broadcast schedules and coverage highlights）；拥有超过 10 万小时的影像档案资料库			
	CNN Affiliate Content Center（CNN ACC 附属机构内容中心） CNN 拥有强大的国际新闻附属机构网络。在收集区域新闻（regional newsgathering）方面有独到之处，每个附属机构内容团队都负责一个地区，深入了解该地区的情况，拥有专业的新闻从业者。员工 24 小时与中心协作，以提供更高质量的内容，地区新闻报道量是其他机构的 3~4 倍			
	CNN International Production Center（国际新闻制作中心） 新闻采集通过 CNN 在亚特兰大的全球总部以及伦敦和香港制作中心的国内和国际任务办公室进行协调			
	CNN Journalism Fellowship（标准化培训项目，CJF） 在总部亚特兰大提供为期 3 周的培训，使参加培训人员近距离了解 CNN 的运作情况。培训深入了解新闻生产的各个过程，包括国际新闻指挥系统的部署（international desk deployments）、多平台新闻采集及报道（multi-platform newsgathering and reporting）、重大新闻事件的策划（futures and special event planning）、新媒体技术（emerging technologies）、秀类节目策划（show planning）。该项目在 1989 年启动，迄今已经培训了来自 123 个国家和地区的 207 家新闻机构的 800 多名记者			

　　CNN 标准化培训项目（CNN Journalism Fellowship，CJF）在亚特兰大为参加培训的人员提供为期 3 周的培训，该项目使学员体验和了解 CNN 的运作情况和新闻生产的各个过程，包括国际新闻指挥系统的部署（international desk deployments）、多平台新闻采集及报道（multi-platform newsgathering and reporting）、重大新闻事件的策划（futures and special event planning）、新媒体

技术（emerging technologies）、秀类节目策划（show planning）等。该项目在 1989 年启动，迄今已经培训了来自 123 个国家和地区的 207 家新闻机构的 800 多名记者。

四、新媒体部分的比较（Digital Operation）

在社交媒体运营方面，CNN 的团队细分更加明确（见表 3-5）。社交媒体发布团队负责 CNN 和 CNN International 国际页面在 Facebook 和 Twitter、Snapchat、Instagram、Line、Kik（青少年流行的聊天工具）和其他应用程序上的信息发布。团队全球运作（主要在纽约、亚特兰大、香港和伦敦），24 小时不间断地在全球社交媒体发布信息。社交媒体采集团队主要位于亚特兰大，使用 Spike 软件和其他社交工具来查看舆论趋势和人们关心谈论的话题。他们也负责核实视频（真实性）（verify video），并为 CNN 数字和社交媒体提供内容。社交媒体电视团队主要在美国境内，致力于第二次屏幕体验（second screen experience），剪辑电视平台视频画面以适应社交媒体，并添加字幕。这是探索电视屏幕与社交媒体深度融合的很好尝试，值得 CGTN 借鉴。

表 3-5　How Social Media Team Operates①（社交媒体团队如何运营）

媒体	名称	职责	地点
CNN	Social publishing team 社交媒体发布团队	该团队负责 CNN 和 CNN International 国际页面在 Facebook 和 Twitter、Snapchat、Instagram、Line、Kik（青少年流行的聊天工具）和其他应用程序上的信息发布	全球（主要在纽约、亚特兰大、香港和伦敦），24 小时不间断地在全球社交媒体发布信息

---

① Corcoran L. "Creating A News Habit for Every Generation": How CNN Use Social Media [R/OL]. NewsWhip，2016-10-19.

媒体	名称	职责	地点
CNN	Social discovery team 社交媒体采集团队	使用 Spike 软件和其他社交工具来查看舆论趋势和人们关心谈论的话题。他们也负责核实视频（真实性）（verify video），并为 CNN 数字和社交媒体提供内容	主要在亚特兰大
	Social TV team 社交媒体电视团队	致力于第二次屏幕体验（second screen experience），他们利用社交媒体平台推送电视画面中关键时刻的精彩镜头。他们充分利用电视资源，并研究如何在社交平台上分发。他们剪辑电视平台的视频画面以适应社交媒体，并添加字幕	主要在美国境内（US-centric）
CGTN	设有专门的新媒体部门，主要由北京总部负责。北美分台合力运营 CGTN 移动新闻网，北京时间 23 点至第二天早晨 7 点，8 个小时的客户端运营维护由北美分台负责。目前主要专注社交媒体账号及客户端的运营维护，新媒体衍生产品和品牌有待拓展		

　　CGTN 设有专门的新媒体部门，主要由北京总部负责。北美分台合力运营 CGTN 移动新闻网，北京时间 23 点至第二天早晨 7 点，8 个小时的客户端运营维护由北美分台负责。目前主要专注社交媒体账号及客户端的运营维护，新媒体衍生产品和品牌有待拓展。

　　在数字媒体战略方面，CGTN 和 CNN 都实行鼓励新媒体发展的战略。CGTN 倡导"电视主打，移动优先"的原则，这使得 CGTN 拥有更多的传播平台，而不是仅仅局限于传统的电视平台。CGTN 搭建的多形式采集、同平台共享、多渠道和多终端分发的融媒体中心投入使用。CNN 全面实施"移动先行，数字第一（digital first）"的新媒体发展战略。自 2013 年 Jeff Zucker 担任总裁后，把大量的资金和资源投入新媒体。CNN 不只是一个有线电视的提供者，更是一个多媒体集合平台（multi media platform）。CNN 正在重组其数字新闻业务（restructuring its digital news operation）。CNN 旗下的数字品牌已经初具规模，iReport 是用户内容生产平台，允许来自世界各地的人们提供突发新闻故事的图片和视频。新媒体品牌 Great Big story 致力于用影像语言进行叙事（cinematic storytelling），该品牌已拥有 1000 万以上用户，讲述了超过 95 个国家和地区的 1650 个小人物的影像故事，平均每个视频的浏览量达 110 万，80% 的用户通过移动终端观看。此外，CNN 还聘请有新媒体公司经验的人士担任管理层，不断优化和推广品牌和产品。

表 3-6　数字媒体战略（Digital Strategies）

媒体	战略	说明
CGTN	电视主打，移动优先	"移动优先"的原则使得 CGTN 拥有更多的传播平台，而不是仅仅局限于传统的电视平台。CGTN 搭建的多形式采集、同平台共享、多渠道和多终端分发的融媒体中心投入使用
CNN	全面实施"移动先行，数字第一"的新媒体发展战略	自 2013 年 Jeff Zucker 担任总裁后，大量投资新媒体。CNN 不只是一个有线电视的提供者，更是一个多媒体集合平台（multi media platform）。CNN 正在重组其数字新闻业务（restructuring its digital news operation）
	iReport 用户内容生产平台 iReport 是 CNN 的公民新闻倡议，允许来自世界各地的人们提供突发新闻故事的图片和视频。该计划于 2006 年 8 月 2 日启动，调动了公众在重大事件现场的新闻采集能力。截至 2012 年 1 月，已有超过一百万注册的 iReport 会员	
	致力于影像语言叙述（cinematic storytelling）的新媒体品牌 Great Big story 工作室总部位于纽约，在伦敦设有办事处，工作室创建和分发微博客和短片，以及数字、社交、电视和戏剧发布等。自 2015 年底推出已经前往 80 多个国家，以短视频的形式推出小人物的影像故事，"发现了无数被忽视和平凡的惊人之处。我们的故事每天吸引并激励数千万人"。拥有 1000 万以上用户。讲述了超过 95 个国家和地区的 1650 个故事，平均每个视频的浏览量达 110 万，80% 的用户通过移动终端观看	
	CNN VR 沉浸式新闻模块和新媒体虚拟现实平台 通过 VR 直播将用户带到全球活动的现场，用户可以体验 360 度的全景式新闻。CNN VR 制作了 50 多个新闻报道，让观众更深入地了解阿勒颇的破坏，美国总统就职典礼的前排观感以及刺激的跳伞运动。仅在 Facebook 上就已经产生超过 3000 万浏览量	
	聘请有新媒体公司经验的人士担任管理层 CNN International Commercial（CNNIC）从 Buzzfeed 和 Box Plus 等新媒体公司聘请数字广告和战略专家，以期不断提升 CNN 多平台推广能力，吸引广告合作伙伴	

五、未来发展（Future Development）

在组织架构上 CNN 和 CGTN 都有和频道级别平行的专门的数字媒体部门，CNN 的组织架构更加成熟，有利于统筹利用新媒体资源，进行数字产品整体策划、设计与包装。其次，CNN 有给各个下设机构提供资源的 News Source 部门，更有利于资源共享、多次利用。此外，和 CGTN 相比，CNN 在全球传播更为成熟之处在于寻找国际合作伙伴，与当地频道合作（CNN Partnerships and Joint Ventures），为合作的当地电视台提供内容，进行二次编辑，整合资源，节约成本，更易于被当地受众接受。

CGTN 的优势在于成立之初就定位为"全球化多媒体平台"，理念先进。CGTN 对非洲的报道量和关注程度在其他国际新闻机构当中是最高的，非洲分台是当时唯一在非洲大陆播出的国际电视机构，CNN、BBC 在非均无本土制播。报道内容方面，CGTN 也积极探索在海外开办的本土化时段 China Hour 的模式。此外，首个海外本土化新媒体视频专区"China Zone"正式登陆俄罗斯主流新媒体平台 SPB TV，全球 6000 多万用户可通过 SPB TV 服务收看该专区的中国节目。① 其他见表 3-7。

表 3-7　未来发展的比较

CGTN：逐步建立全球 24 小时轮盘的"8853 模式"，拓展新媒体业务	CNN：重视国际新闻影响力，开发新媒体平台业务
北京时间每天清晨和晚上，进行两次全球编前会，统筹总部和分台资源，各个分台相对独立地采访、制作、播出新闻。努力完善全球制播体系，最终实现北京总部制播 8 小时、北美分台制播 8 小时、非洲制播 3 小时、欧洲分台制播 5 小时的全球化制播格局，拓展全球影响力	强化国际新闻的专业报道品质，深度挖掘新媒体品牌，如 VR、新媒体品牌 Great Big Story 等

---

① 根据 CCTV2017 年 7 月 27 日官网统计数据。

六、CNN 对 CGTN 的启示

CNN 推行的标准化、本土化、全球化、社交化策略值得借鉴。

第一，标准化。经过近 40 年的发展，CNN 的机构设置和运作模式非常成熟，重视团队职能细分，强化支持服务性团队，有利于专业化和标准化生产。CNN 实现了新闻生产的"麦当劳化"（McDonaldization），调动全球相关机构，以效率最大化的方式完成协作，采用标准化的流程生产出"口味"无差别的新闻产品。比如，CNN 除了全球国际新闻分中心，旗下还设有国际新闻资源团队、附属机构内容中心、国际新闻制作中心、标准化培训项目等。成熟的机构设置和标准化的新闻生产和培训项目保证 CNN 在全球的新闻选择标准和报道质量基本一致，鲜少出现总部和分支机构在节目制作和报道水平上存在较大差异的情况。

第二，本土化。CNN 重视利用本土化资源，并懂得"借力"。比如，CNN 在智利、日本、印度、土耳其、菲律宾等国家以合作伙伴、共同出资等多种形式使节目落地，节约了成本。并且，CNN 将国际新闻内容产品进行本土化的"二次加工"，更加符合当地用户的需求。CGTN 的本土化策略主要表现在雇用当地外籍员工和与国外媒体机构合作节目等方面。合作落地的传播渠道和报道内容本土化加工的做法值得探索和尝试。

第三，全球化。CNN 统筹总部与世界各地分支机构的关系，CNN 的总部所在地亚特兰大并不是国际新闻的富矿，呈现出去中心化的特点，CNN 将其作为中枢连接的机构，而非资源中心聚集区。在美国本土，亚特兰大总部与纽约、华盛顿、洛杉矶等分支机构密切配合，各司其职，完成新闻内容的生产和传播。比如纽约是美国的经济中心，华盛顿是美国的政治中心，洛杉矶是好莱坞等文化活动和产业的聚集地，资源去集中化，各自拥有优势资源。从全球范围看，CNN 总部统筹美国与欧洲、中东、亚太新闻中心的关系，各个新闻中心负责报道本区域的内容。相比之下，CGTN 的北京总部中心化程

度高，资源聚集现象突出。

第四，社交化。CNN 重视新媒体的发展，聘请有新媒体工作经验的人士担任管理层，例如，从 Buzzfeed 等具有新媒体基因的公司聘请数字广告和战略专家，以期不断提升 CNN 多平台推广能力，吸引广告合作伙伴。CNN 重视社交媒体团队的专业化建设，下设社交媒体采集团队、社交媒体发布团队、社交媒体电视团队。团队利用社交媒体平台推送电视画面中关键时刻的精彩镜头，致力于第二次屏幕体验（second screen experience），剪辑电视平台的视频画面以适应社交媒体。这是探索电视屏幕与社交媒体深度融合的很好尝试，值得 CGTN 借鉴。此外，CNN 不满足于仅仅推出新媒体产品，而是建立新媒体品牌，如用户内容生产平台 iReport 允许来自世界各地的人们提供突发新闻故事的图片和视频，推出沉浸式新闻模块和新媒体虚拟现实平台 CNN VR 以及致力于影像语言叙述的短视频新媒体品牌 Great Big Story 等。而 CGTN 还是停留在利用社交媒体等新媒体平台推出报道的阶段，尚待形成具有自身显著特色的新媒体品牌。

第二节　BBC 的国际报道：平衡公共性与商业性

一、BBC 国际传播的历史

BBC 全称为英国广播公司（British Broadcasting Corporation），成立于 1922 年，最初为私营公司。1926 年改为公共广播体制，由英国政府拨款。BBC 由英国皇家颁布许可证，宪章明文规定了 BBC 的公共目的，保证其独立性，并概述了信托基金和执行委员会的职责，其涵盖了 BBC 的资金及监管职责。英国广播公司对节目内容负责，但所用语种、节目时数由外交部决定，其资金来自英国外交和联邦事务部的拨款。1932 年，英国广播公司创办了

BBC Empire Service（BBC 帝国服务）。它开始为全球用户提供短波广播服务，这成为其国际传播活动的开端。20 世纪 50 年代开始，电视媒体崭露头角。1953 年，BBC 直播了女王伊丽莎白二世的加冕典礼，这是人们有史以来第一次通过电视看到加冕时刻，这一事件改变了电视的历史，促进了黑白电视机的销售，欧洲有超过 2000 万人观看了此次活动，许多人聚集在朋友和邻居的电视机旁。BBC 创造了重大事件全球直播的样态，使之成为具有仪式感的"媒介事件"（media event）。20 世纪 60 年代，彩色电视机和卫星技术发展，使全球直播实现了"天涯共此时"，世界被连接成一个整体。1981 年查尔斯王子和黛安娜王妃的婚礼直播吸引了 7.5 亿全球观众，创造了电视史上的历史。

现在的 BBC 国际新闻频道（BBC World News，简称 BBC 国际）最早来源于 BBC 世界电视服务（BBC World Service Television）。BBC 世界电视服务于 1991 年 3 月开播，是 24 小时的新闻频道，于 1995 年 1 月正式播出。虽然成立时间晚于 CNN，但依托 BBC 的悠久历史与专业品质，其国际传播也在全球传播格局中占有一席之地。1995 年，BBC 世界电视服务被分拆为两个频道——BBC Prime（娱乐频道）和 BBC World（世界）。2009 年，BBC World 正式更名为 BBC World News（世界新闻）。

目前，BBC 世界新闻是 BBC 的国际新闻和时事电视频道。与英国广播公司的国内频道靠英国电视许可证资助（chartered license）不同，因英国政府拒绝放宽外国公司补助金的受助范围，BBC 世界新闻由 BBC 全球新闻有限公司拥有和运营。所以现在的 BBC 国际新闻频道并非公共体制，而是由商业机构赞助，由订阅和广告收入资助，具有商业属性。

二、BBC 国际传播的现状与发展趋势

BBC 2017—2018 年报显示，BBC 的国际观众人数从 2.69 亿增长到 2.79

亿，2022 年 BBC 总体用户目标为 5 亿①。

BBC 面向全球用户的品牌主要有 BBC World News（世界新闻）和网站 bbc.com，值得一提的是，上述两个子品牌均为商业运营。与此同时，BBC Worldwide（BBC 全球）现在是新合并的 BBC 工作室（BBC Studios）的一部分，它在海外建立 BBC 品牌的影响力和声誉，同时为 BBC 提供商业回报，以投资公共服务内容。

目前，BBC 用 40 多种不同的语言在世界范围内报道新闻。BBC 是英国最重要的文化窗口之一，它向世界传播这个国家的独特文化和价值观。BBC 资料合成的全球新闻机构布局图显示，BBC 在全球 60 个国家和 76 个城市设有办事处，包括 Newsgathering（新闻采集中心）、BBC World Service（BBC 世界服务机构）、BBC Monitoring（BBC 新闻监测站）、BBC Global News Ltd（全球新闻有限公司）和 BBC Studios（BBC 工作室）。

2017—2018 年度，英国政府向 BBC 投资 8500 万英镑。BBC 实现了自 20 世纪 40 年代以来最大的扩张，每周观众总数达 3.76 亿②。BBC 开始扩展非洲西部地区的新闻机构布局，针对西非观众，推出 Pidgin 新闻。其次，BBC 在达卡、孟买、内罗毕、德里、首尔、曼谷、仰光、突尼斯、开罗、贝鲁特和贝尔格莱德等地建立和扩大新的报道机构，并在全球范围内雇用了 1000 多名新员工，扩大了报道范围，并试图改善上述地区的民众对英国的看法。

BBC 短波电台收听率再次迅速下降，随着全球范围内智能手机的普及，用户逐渐改用数字平台阅听新闻。BBC 重视全球年轻用户，其 1/4 的全球用户的年龄在 15~24 岁之间。BBC 新推出专门针对年轻人的一分钟新闻（BBC Minute），囊括 60 秒的全球新闻综合报道，通过全球 16 个不同国家的 28 个广播合作伙伴用英语播出。

---

① BBC. BBC 年度报告（2017—2018）[R/OL]. BBC, 2018-03-01.
② BBC. BBC 年度报告（2017—2018）[R/OL]. BBC, 2018-03-01.

据 BBC 全球受众调查的最新数据（BBC Global Audience Measure）①，
2017—2018 年度 BBC 网站和社交媒体平台（英语）的用户数为 3.7 亿。BBC
每周国际观众总数为 3.47 亿人（BBC news total international weekly
audience）。全球到达（global reach）人数为 3.76 亿（包括 BBC News 和 BBC
Studios）。BBC 世界服务的海外用户（包括电视、广播、互联网和社交媒体
平台的用户）为 2.79 亿，BBC 世界新闻电视端英语新闻频道（BBC world
news TV channel，English language global news）的用户数为 9500 万，营业收
入总额约为 1.09 亿英镑（约合人民币 9.67 亿元）。

三、BBC 对 CGTN 的启示

首先，虽然 BBC 是公共媒体，但是负责国际新闻报道的 BBC 世界新闻
（BBCWN）是商业运营。BBC 的媒体品牌最突出的特点是报道中立，BBC 的
国际报道"开创了国际化和商业化并举的国际传播发展模式，并通过国际频
道的商业运营反哺公共服务，其品牌效应又推动了国际化进展"②。BBC 国
际电视传播发展较早，虽然在世界电视新闻领域晚于 CNN，但创造出和
CNNI（国际频道）齐名的世界一流的国际新闻频道。笔者认为，目前 CGTN
处于品牌建立和发展的时期，应先集中力量提升品牌知名度和新闻报道的品
质。BBC 世界新闻的商业模式可待 CGTN 进入品牌成熟期再做参照。BBC 世
界新闻的商业模式是建立在专业化的新闻报道、相对成熟的机构和渠道建设
之上的，它依托母公司强大的新闻采编团队，其历史可以追溯到传统广播时
期，具有丰富的新闻报道经验。BBC 世界新闻兼有公共服务目标"把英国带
给世界"以及市场化运作的商业模式，英语作为世界通用语言，具有国际传
播的天然优势，依托西方文化和价值观减少了其全球化传播中的文化阻碍。

---

① BBC. BBC 年度报告（2017—2018）[R/OL]. BBC，2018-03-01.
② 冼致远. 中英电视媒体国际传播软实力比较研究 [M]. 北京：中国传媒大学出版
社，2018：72-80.

其次，作为传统媒体时代建立的媒体机构，在本章涉及的全球性媒体中，BBC 媒体转型方面的挑战最大。CGTN 在成立之初就关注电视和互联网的融合，而 BBC 作为机构庞杂的全球性媒体，其融合转型的难度是可以想见的，其全媒体机制的建立尚待成熟和优化。BBC 着力推动数字化转型，探索出了合署办公空间的"中央厨房模式"。由于 CGTN 的办公场地空间限制，完全平移"中央厨房模式"缺乏适用性。

再次，BBC 始终重视专业化的国际新闻报道并开拓非洲西部和亚洲的新闻下设机构布局。比如，针对西非观众，推出 Pidgin 新闻；在孟买、新德里、首尔、曼谷、仰光等地建立和扩大新的报道机构，扩大报道范围。BBC 的新布局有可能影响到 CGTN 在非洲和亚洲的报道优势。CGTN 应当进一步优化机构设置，提升报道水平，吸引当地的受众群体。

最后，BBC 极为重视全球受众调查，每年都会发布篇幅达数百页的年度报告（BBC Annual Report），翔实专业地向全球公开重要数据。年度报告囊括了 BBC 上一年度所有部门和各个分支机构的总体情况、发展现状、未来目标等。在受众分析层面包括受众构成、媒介接触情况、媒介使用习惯、消费情况、受众满意度等多维指标。BBC 依据受众的调查和反馈信息调整媒体战略布局，为用户提供更高品质的新闻产品和服务。CGTN 目前尚未形成系统的全球受众调查体系，数据指标多以总体指标为主，缺乏更加专业的用户反馈，特别是基于社交媒体平台的受众分析。BBC 实行用户导向思维，即通过科学化、系统化的全球受众实证调查来研究指导新闻实践，亦值得 CGTN 借鉴。

第三节 半岛电视台：重构中东和北非新闻格局①

一、半岛电视台国际传播的历史

半岛电视台（英语：Al Jazeera，指阿拉伯半岛）由卡塔尔王室出资的半岛媒体集团拥有，总部位于卡塔尔首都多哈。1996 年成立阿拉伯语频道（Al Jazeera Arabic），是阿拉伯世界第一个致力于提供全面新闻和现场辩论的独立新闻频道。新领袖承诺信息的自由流动而不是对其强加控制。他希望半岛电视台提升卡塔尔在海湾地区的地位，但他没有想到这个项目将成为"在现代阿拉伯世界中对西方殖民政治统治的最重要挑战"（Gizbert，2011）②。

半岛电视台建立时适逢 BBC 和沙特合资的阿拉伯语频道刚刚被迫关闭（失败原因之一在于严格的审核把关制度），半岛电视台因而招募了一批训练有素的阿拉伯语电视新闻工作者。

新频道的工作人员了解阿拉伯观点并对阿拉伯文化有敏感度。他们的关注范围主要在阿拉伯和伊斯兰国家，包括巴勒斯坦、伊拉克、伊朗、阿富汗等。随着中东事件升级，半岛电视台在海湾战争中的表现使之声名鹊起。

1998 年，记者在巴格达 24 小时直播海湾战争（24-hour real-time coverage），半岛电视台在海湾战争中从巴格达拍摄的沙漠之狐行动（Operation Desert Fox）的战争画面吸引了大批阿拉伯观众并引发和推动了整个地区的反美抗议活动。世界其他全球媒体争相购买其独家新闻的版权。

---

① CASSARA C. Al Jazeera Remaps Global News Flows［M］//FORTNER R S，FACKLER P M. The Handbook of Media and Mass Communication Theory. London：John Wiley & Sons，2014.

② GIZBERT R. A change of the guard at Al Jazeera Listening Post［EB/OL］. Al Jazeera English，2011-09-24.

1999 年，半岛电视台开始 24 小时播出，并于 2000 年建立了一个阿拉伯语网站。2001 年和 2003 年半岛电视台因为对阿富汗战争和伊拉克战争的报道声名大噪。"9·11"事件之后，它多次率先播放本·拉登和其他基地组织领导人的录像声明，从而再一次引起了全世界的广泛关注。2003 年伊拉克战争爆发，半岛电视台在报道中发出不同于西方的声音，坚定自己的立场，受到阿拉伯人的欢迎，被称作"中东的 CNN"。

2003 年，半岛电视台英文网站开始向全球观众提供新闻，并在当年底增加了 Al Jazeera Sports 板块。2006 年 3 月半岛电视台更名为半岛电视新闻网（Al Jazeera Network），扩增为国际性媒体集团。半岛英文频道（Al Jazeera English，AJE）也于 2006 年成立，是全球第一家总部位于中东地区的英语新闻频道，包括十几个频道及部门，希望为全球用户提供不同于欧美观点的地区性的声音，其口号是为观众提供"意见与异见"（the opinion and the other opinion）。频道摒弃传统的总部"中心指挥"的方式，实行全球制作中心"接力式"制作新闻的模式，由多哈、吉隆坡、伦敦、华盛顿特区的制作中心轮盘制作，被称为"跟着太阳跑"。

目前，除了阿拉伯语，半岛电视台还用英语、土耳其语、中文等多种语言平台，向全球播出以新闻为中心的节目内容。现在的半岛电视台是一家拥有多个电视频道、网站、社交媒体的综合性媒体平台。

2013 年 8 月，半岛电视台正式登陆美国，每天播出 14 个小时的新闻、纪录片与谈话性节目。公司位于美国首都华盛顿，但在多哈和伦敦设有制作播出中心。AJE 聘请了数百名资深美国和英国记者，但因为资金原因，美国频道在 2016 年被停播，转为播出半岛英文频道内容。

半岛电视台于 2015 年开通中国区的业务，包括官方新浪微博以及微信公众号。半岛电视台新闻网拥有来自 70 多个国家和地区的 3000 多名经验丰富的员工，其中大多数"扎根于全球南方（Global South）"向 100 多个国家和地区的 3.1 亿家庭播放节目（Al Jazeera，2012）。此外，半岛电视台已成为

YouTube 上收视率最高的新闻频道之一，每月观看次数达 250 万次（Al Jazeera，2012）。

半岛电视台在全球设有多个分支机构。

二、重构中东和北非地区的新闻格局

在半岛电视台成立之前，中东和北非地区的新闻来自该地区政权拥有或控制的媒体组织及西方或以色列的新闻机构。半岛电视台是中东地区第一个完全由阿拉伯人拥有的平台。它的目的是为泛阿拉伯观众提供独立的新闻和公共事务节目。在此之前，阿拉伯媒体上充斥着娱乐节目，但缺少谈话节目和新闻节目。因为该领域的新闻被认为受到审查和政府控制——卡塔尔领导人希望改变（Schleifer，2000）。[1]

1998 年半岛电视台在海湾战争拍摄巴格达"沙漠之狐"行动的战争画面吸引了大批阿拉伯观众。2000 年，该频道对第二次巴勒斯坦起义及其谈话节目的密集报道，为观众发出了声音，确保了半岛电视台在中东和北美地区的阿拉伯政治生活中的中心地位（Lynch，2005）。

半岛电视台也常常播出一些话题的讨论，让伊斯兰世界及中东和北非的观众耳目一新，大大扩展了公共话语（public discourse）的讨论空间。并非所有中东和北非地区的人都认为半岛电视台是民主和自由的伟大传播者，但是相比而言，其他中东国家的新闻较为保守。突尼斯、沙特阿拉伯等国家的观众转而收看半岛电视台，导致上述国家媒体收视率降低，周边国家亦对其有冲突和敌意。

半岛电视台改变了中东和北非地区的人们对自己国家的情况的了解以及世界对该地区的认知。电视、互联网和其他数字通信形式的结合"正在推动

---

① SCHLEIFER S A. A dialogue with Mohammed Jasim Al‑Ali, managing director, Al‑Jazeera.［J］. Transnational Broadcasting Studies, 2000（5）.

新的阿拉伯共同意识的兴起"（Pintak，2009）①。

三、对全球新闻格局的影响：挑战西方报道的垄断地位

半岛电视台挑战了西方对阿拉伯世界的叙述，并为全球观众提供了另一种声音，通过对战争期间中东局势的报道，迅速成为世界上最具影响力的新闻机构之一。在特殊条件下，半岛电视台成为唯一获取阿富汗新闻的渠道，本·拉登也选择了半岛电视台作为他向全世界发送录像信息的出口。半岛电视台成为"阿拉伯的 CNN"。西方标准的媒体报道倾向于通过以色列的镜头报道中东冲突，半岛电视台打破了这一标准。当西方新闻媒体报道"美军挺进阿富汗"时，半岛电视台"美军入侵阿富汗"的报道打破了西方的话语霸权。从 2001 年开始，半岛电视台成为西方新闻机构的常规信息来源。

半岛电视台从根本上改变了中东和北非的新闻格局（news topography），改变了该地区公众讨论的范围（Cassara 2014）。② 它借鉴西方专业化的新闻制作模式，然后根据观众和文化环境的需要进行调整。通过半岛电视台英语频道向世界展示了中东、北非地区和全球南方（Global South），通过国际热点事件改变全球新闻的格局，半岛电视台在新闻报道中呈现被边缘化的人的形象和故事，挑战了西方媒体机构全球新闻报道的垄断地位。

四、半岛电视台对 CGTN 的启示

半岛电视台借鉴西方专业化的新闻制作模式，通过在阿富汗战争等重大新闻事件中提供稀缺的、可以扭转局势的独家新闻报道，挑战了西方媒体机构国际新闻报道的垄断地位。它改变了中东、北非地区的新闻格局（news to-

---

① PINTAK L. Border guards of the "imagined" Watan：Arab journalists and the new Arab consciousness［J］. Middle East Journal，2009，63（2）：191-212.

② CASSARA C. Al Jazeera Remaps Global News Flows［M］//FORTNER R S，FACKLER P M. The Handbook of Media and Mass Communication Theory. London：John Wiley & Sons，2014.

pography），在一定程度上改变了全球新闻的消费方式和流动方式，即信息流不再仅从欧美西方发达国家流向其他地区，形成了国际新闻信息的媒体逆流（contra-flow）。

半岛电视台的崛起提供了全球南方挑战西方世界话语垄断的可能性，它在重大国际事件中提供可以扭转局势的独家报道，这种能力也是全球性媒体的核心竞争力。

然而，半岛电视台的崛起具有偶然性，中东特殊的局势成就了它的崛起。其发展也有特殊性，因为社交媒体蓬勃发展的今天，人们根本不需要把录像资料寄给电视台了，直接通过社交媒体发布，便会赚得流量和眼球，达到传播目的。再者，2013 年半岛电视台成立半岛北美分台，但是不到三年就宣告失败，在传媒环境非常成熟且竞争激烈的美国传媒环境中取得一席之地并非易事，半岛电视台当时影响阿拉伯裔的受众，进而影响整个北美地区的设想，最终遭遇滑铁卢。因此，半岛电视台的崛起对中国而言，只能提供有限的参考。

第四节　RT：塑造反西方主流的舆论场

首先要说明的是"今日俄罗斯通讯社"和 RT 电视台有所不同。RT 是中国比较具有参照性的媒体，对 CGTN 的发展有诸多可借鉴之处。因为其体制和中国国家媒体的体制类似，RT 也是由政府出资运营。RT 的崛起形成了不同于西方主流的舆论场。

一、最高层对 RT 的垂直管理，大胆起用年轻管理层

2013 年 12 月 9 日，普京总统发布总统令，俄罗斯新闻社、俄罗斯之声广播电台和 RT 电视台并入新成立的今日俄罗斯通讯社（如图 3-3 所示），主

要从事面向国外受众的文字和音视频信息发布（注：俄罗斯对内媒体机构有"全俄国家电视广播公司"等）。今日俄罗斯通讯社是俄罗斯高层决策推动下的产物，外界将其解读为，俄罗斯强化对外传播平台，试图在国际社会树立良好的形象，提升国际传播中的话语权。在实际操作中，合并后 RT 电视台仍保持其独立地位，鲜有组织机构和人事上的重大调整。RT 属于俄罗斯官方媒体，是由非营利性机构"TV-Novosti"所有的国营媒体，由政府出资运行。RT 在 2016 年的预算定为 190 亿卢布（约 2.77 亿美元）。①

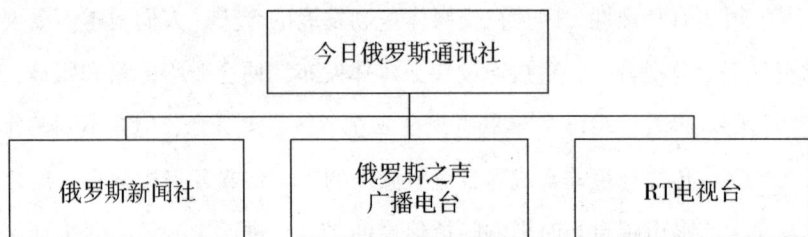

图 3-3 俄罗斯相关媒体关系图

今日俄罗斯电视台成立于 2005 年，当年 12 月，在莫斯科总部开始全天候播出英语新闻节目，这是俄罗斯第一个数字电视频道。该电视台当时拥有来自世界各地的 100 多名记者报道团队。玛格丽特·西蒙尼扬（Margarita Simonyan）参与创建今日俄罗斯电视台，并担任总编辑（Editor-in-Chief）一职。刚满 25 岁的西蒙尼扬成为有史以来最年轻的世界主流电视网总编辑，她还同时兼任今日俄罗斯通讯社总编辑。RT 采用垂直管理模式，在新闻报道方面，RT 直接听命于克里姆林宫已经成为公开的秘密。西蒙尼扬本人办公桌的无拨号保密电话直通总统办公厅。

西蒙尼扬被任命时只有 25 岁，可见俄罗斯外宣人事任用上的灵活和不拘一格。在此之前她曾有电视台和广播机构的从业经历，并作为战地记者报道第二次车臣战争。在她的掌舵下，RT 观众增加到每周 1 亿，成为 YouTube

---

① 根据 RT 官方网站数据。

上浏览量排名第一的电视新闻网络，观看次数超过 70 亿，获得 6 次艾美奖（Emmy Award）。2013 年，西蒙尼扬同时兼任今日俄罗斯通讯社的总编辑，这是一家用 30 多种语言播出节目的国际新闻机构。

RT 官方资料列出的另一位管理者是阿列克·谢尼可罗夫（Alexey Ni-kolov），是一位经验丰富的中年男性，出任 RT 总经理（Managing Director），与年轻的西蒙尼扬配合。20 世纪 70 年代初，只有 13 岁的谢尼可罗夫，就发表了其第一篇文章。谢尼可罗夫曾报道包括奥运会在内的重大体育赛事，并作为主播和记者，在俄罗斯第一家独立的莫斯科 Echo 电台报道 1991 年的政变、1993 年 10 月宪法危机等重大事件。

此外，RT 的用人标准不受国际民族的限制，遵循开放原则，使得其能招募国际化的采编团队。成熟的新闻理念和国际化的视角，尤其是允许外籍雇员深度参与报道策划工作，提高了国际新闻的报道品质，更容易被海外观众接受。RT 西班牙语频道的总监只有 30 岁，是俄罗斯人，其副总监来自哥伦比亚。

二、"去俄罗斯化"策略，侧重观点传播

西蒙尼扬采用"去俄罗斯化"的本地化（domestication）策略。第一个表现是 RT 的名称，她认为一个有世界影响力的国际媒体机构不应该过分强化俄罗斯的标签，不要让别人认为你代表着预设的俄罗斯立场。她把"今日俄罗斯电视台（Russia Today）"的名字改成 RT，不具体叙述名称的由来，任由观众理解。第二个表现是降低有关俄罗斯的报道比例。最早的时候，西蒙尼扬认为世界需要了解俄罗斯，所以大量报道俄罗斯的故事，但效果不明显。随后，她改变策略，反其道而行，开始调整报道俄罗斯的内容总量，85%以上报道国际新闻，RT 现在关于俄罗斯的报道总量约为 15%，甚至更低。

RT 的新闻报道集中于每个整点的前半小时，根据 2016 年 8 月 22 日—9 月 22 日的监看，RT 的节目以传播观点和做出深度延伸的专题报道和视频连

线为主（见表3-8）。① 出境报道提升了观众真实感和现场感的体验。

表 3-8　前半小时新闻体裁统计

报道体裁	专题报道	视频连线访谈	出境报道	动态新闻	演播室访谈	人物专访
数量	346	200	184	132	21	4
百分比	39%	23%	21%	15%	2%	0.5%

全天播出的节目中57%的节目由访谈和评论构成（如表 3-9 所示），印证了其侧重观点传播的特点。CGTN 也推出多档"观点类"节目，但整体的时长和占比依然有限。

表 3-9　全天新闻体裁分析

报道体裁	专题报道	视频连线访谈	出境报道	动态新闻	演播室访谈	人物专访
数量	421	441	196	164	260	18
百分比	28%	29%	13%	11%	17%	1%

在地域方面，RT 尤其关注美国，占 281 条（36%），由于俄罗斯的政治地理因素，西欧和中东的新闻也相对集中，分别为 144 条和 143 条，各占18%（见表 3-10）。

表 3-10　前半小时地域题材分析

地域题材	美国	西欧	中东	俄罗斯	中国	欧亚其他国家	非洲	拉美
数量	281	144	143	136	27	35	3	14
百分比	36%	18%	18%	17%	3%	4%	0.38%	2%

从报道内容看，RT 更关注以政治和军事为主的硬新闻，两项数据之和

---

① 中央电视台俄语频道. 关于 RT 国际传播的调研报告（内部资料）［R］. 2016：31-37.

占 71%（见表 3-11）。

表 3-11 前半小时内容题材分析

内容题材	政治	军事、反恐	社会话题	金融经济	体育	科技	文化	司法
数量	259	225	120	38	17	15	4	9
百分比	38%	33%	17%	6%	2%	2%	1%	1%

三、推动 RT 在全球落地，制造噱头吸引粉丝

目前，RT 拥有全天候的英语新闻频道、阿拉伯语新闻频道和西班牙语新闻频道，以及用英语和俄语播出的纪录频道（在莫斯科制作播出）。RT 注重欧美受众细分，还设立了在华盛顿制作和播出的美国频道（RT USA），在伦敦制作和播出的英国频道（RT UK）和在巴黎制作和播出的法国频道（RT France）。全球用户可以在 RT 五大洲的 100 多个国家和地区收看到其节目。

RT 的口号是"Question More（更多质疑）"，RT 报道主流媒体忽视的故事，向全球观众提供全球重大事件的俄罗斯视角。

RT 在 2005 年推出俄罗斯第一个全天候的英语国际电视新闻频道，后来扩展到包括 24 小时的新闻网络平台，成为包括 7 个电视频道、6 种语言的数字平台以及一个视频通讯社（RUPTLY）的综合性媒体。总部位于德国柏林的 RUPTLY 视频通讯社，基于商业合作面向全球签约媒体提供 RT 的音视频产品。

从 RT 的发展历程看，2006 年 RT 通过 BSkyB 在英国实现落地，BSkyB（British Sky Broadcasting，英国天空卫视集团）是英国和爱尔兰的主要卫星平台，进入 1000 万英国家庭，这是 RT 打开国际传播渠道的重要一步。

2007 年 RT 的阿拉伯语频道 Rusiya Al Yaum 开播，可在中东、北非、欧洲及其他地区观看。RT 于 2006 年 6 月入驻 YouTube，截至 2007 年 11 月，该频道首次位列 YouTube 前 100 位。

RT 非常善于策划具有轰动效应的大型新闻事件，吸引眼球。2007 年 8 月，RT 实现了有史以来第一次在北极点的电视直播，俄罗斯北极载人深潜科考项目通过网络和电视全程直播。科考人员潜入北极水底并插上俄罗斯国旗，宣示俄罗斯的主权。该报道在 YouTube 赢得广泛关注，虽然引发欧美媒体争议批评，但 RT 充分利用新闻策划实现了造势。

RT 通过时代华纳有线电视公司和康卡斯特公司（Comcast）这两家美国主要有线电视供应商实现落地，覆盖美国纽约和新泽西的数百万观众，其他渠道见表 3-12。

表 3-12　RT 在美国节目落地的渠道

互联网平台 （Internet Platforms）	有线和卫星电视供应商 （Cable and Satellite TV providers）
AudioNow	Buckeye CableSystem
BitTorrent Live	Channel Master
Kartina. TV	Comcast Sacramento and Central California
KlowdTV	Comcast San Francisco Greater San Francisco Bay Area
Select TV	Comcast Seattle Metropolitan Area
Wherever TV	Content Media Rights
Yip TV	DIRECTV
Yupp TV	Dish Networks
eTVnet	NEXTV
–	ROKU

RT 继续扩大在欧洲的报道范围，开始在意大利、比利时和荷兰落地。2009 年，RT 西班牙频道（RT Español）开始播出（在莫斯科制作）。开播第一年内，RT 采访了超过 10 个拉丁美洲国家的领导人，包括厄瓜多尔和委内瑞拉总统。如今，该频道已在马德里、迈阿密、洛杉矶、哈瓦那和布宜诺斯艾利斯设有办事处。

同年，RT 推出了俄罗斯第一家国际视频发稿平台 FreeVideo，对外传输视频和报道，可以让用户免费在线访问高质量的 RT 视频。RT 推出 InoTV（外媒网），编译当日欧美等国家主要媒体关于俄罗斯的报道，让俄罗斯观众了解其他国家如何看待俄罗斯。RT 开始在加拿大进行广播，通过主要运营商 Bell Canada，覆盖超过 500 万用户。RT 还通过在印度和中国香港的传播拓展其亚洲业务。

2010 年，RT 设在华盛顿的北美分台开播。RT America 在当地黄金时段播出，专注于美国国内政治、社会和经济问题，走本土化和商业化路线，雇用大量外籍员工。它在观点上独树一帜，和美国主流媒体声音不同。此外，尼尔森研究显示，RT 的阿拉伯语频道受众达 500 多万人，主要分布在叙利亚、黎巴嫩、科威特、阿拉伯联合酋长国、约旦、埃及和沙特阿拉伯等国家和地区。同年，RT 推出新网站 rt.com，取代自 2005 年以来的网络在线门户网站 russiatoday.com。

西蒙尼扬重视 RT 的到达渠道，通过有线电视和卫星电视、互联网平台、连锁酒店等，实现 RT 在全球的落地。因此，可以收看到 RT 的酒店数量在一年内急剧增加，尤其是世界著名连锁品牌的星级酒店。在 RT 官方网站可以查询到全球范围内所有可以收看到节目的酒店。目前，美国有 3198 家宾馆和酒店可以收看到 RT 的节目。

2013 年，RT 完成了其工作室的搬迁工作，其位于莫斯科的总部搬迁到原工厂改造的地址。新场地占地 28000 多平方米，拥有 6 间工作室，2000 多名专业人员。新工作室支持最新技术，可处理 40 多个传入的卫星和地面信号源，并同时传输 8 个高清信号源。RT 推出 RUPTLY 视频通讯社——一家提供全方位服务的全球视频新闻机构，通过革命性的传送平台提供实时和存档的视觉新闻资料。

2014 年索契冬季奥运会之前，RT 推出了索契的第一个英语广播电台——索契今日。RT 对其网站进行重大改造，其中包括增加一个俄语新闻门户网站。同年，RT 专用的英国频道从伦敦新工作室上线。RT 还推出了德语网站 RT Deutsch。

RT 借助重大新闻事件扩大影响力，奠定话语主动权。2011 年，RT 的纪录片频道开始 24 小时用英语面向全球观众播报。比如，时任俄罗斯总统的梅德韦杰夫（Dmitry Medvedev）参加了 RT 团队新频道开播仪式。再例如，RT 通过多个网络平台直播报道 2011 年的日本海啸，获得 2000 万人次的关注。2013 年 2 月，RT 团队拍摄的俄罗斯上空西伯利亚流星爆炸的镜头成为同一时期 YouTube 上观看次数最多的视频，在不到一周的时间内累积了超过 3000 万次的观看量。

四、以"反西方主流"的倾向性吸引西方固定受众群

RT 报道审查宽松，涉外报道尺度大。俄罗斯建立 RT 的核心诉求之一是提升俄罗斯的国际话语权和影响力，二是尽可能削弱欧美等西方国家（尤其是美国）在国际舆论场的话语权和影响力。上述诉求从根本上决定了 RT 的报道带有较强的倾向性，难以做到平衡、客观。尤其是 2008 年前后，RT 的报道风格的显著变化在于将反对美国和反对西方作为国际新闻报道的出发点和落脚点。这引发了外界的激烈反应，RT 也不断遭到欧洲国家传播管理机构的警告和制裁。仅 2014 年，英国通讯管理委员会对 RT 电视台做出的违规裁决就达到 20 次。英国方面认为，其有关叙利亚和乌克兰的报道有失公正，未做到平衡报道。在 RT 纪录片《乌克兰·难民记》中，乌克兰东部地区的难民控诉乌克兰当局的"种族清洗"，但影片并未呈现乌克兰政府的说法。

在美国，RT 已经按照美方的要求对其媒体以"外国代理人"的名义进行登记。"外国代理人"需要定期向美国方面报告与外国委托人的关系以及在美国的财务状况和活动。以"外国代理人"身份登记的媒体，在美国采访活动将受到限制，这对 RT 在美的发展将产生负面影响。该制度对中国也将产生不利影响，具体将在第四章第二节论述。

五、RT 对 CGTN 的启示

RT 对于中国而言是颇具参考价值的媒体，中国和俄罗斯都是世界大国，但是在西方主导的国际舆论场多被负面报道，两家媒体的主要资金来源都是政府投入。

首先，俄罗斯最高层对 RT 进行垂直管理，用人制度灵活，大胆起用年轻管理层。相比而言 CGTN 的领导岗位设置还较为传统，有待采用更为独立灵活的用人制度。RT 和 CGTN 的成立都是领导层自上而下推动的结果。不同的是，2013 年新整合成立的今日俄罗斯通讯社主要以对外传播为主，由俄罗斯新闻社、俄罗斯之声广播电台和 RT 电视台构成。而中央广播电视总台（CMG）兼有对内传播与对外传播的功能。CGTN 对外有独立的呼号，人事关系、组织机构与中央电视台的关系有待进一步理顺。

其次，RT 采用"去俄罗斯化"的策略，聘用外籍工作者，注重报道专业化，关注传播效果。其领导层认为有世界影响力的国际媒体机构不能过分强化俄罗斯的标签，否则会令受众认为有预设的立场。RT 全天播出的节目中有近六成由访谈和评论构成，较为有效地进行了观点传播。相比较而言，CGTN 观点性节目不多，涉华报道比重大。如前文所述，RT 更多的内容放在报道国际新闻方面，涉及俄罗斯的报道往往是"小骂大帮忙"。

再次，RT 报道审查宽松，涉外报道尺度大，借助重大新闻事件扩大影响力，通过社交媒体制造噱头，提升关注度。RT 的报道带有较强的倾向性，观点上反对美国主流媒体新保守主义的价值观，吸引美国、欧洲的固定受众群体。比如，不避讳西方媒体对 RT 新闻自由的质疑，予以直接回击。CGTN 可以适当借鉴其新闻事件策划和传播的策略，提升国际知名度。但是从长远看，还是要把握新闻传播规律，提供平衡客观的新闻报道。

最后，RT 重视传播渠道，通过有线电视和卫星电视、互联网平台、连锁酒店等实现 RT 在全球的落地，并通过新媒体平台进行国际传播。CGTN 应当区分覆盖率和到达率，利用多种形式，提升用户媒介接触的便利程度。

本章小结

本章通过对全球性新闻媒体机构 CNN、BBC、半岛电视台、RT 的介绍和比较，为 CGTN 提供可资借鉴的经验。

经过近 40 年的发展，CNN 的机构设置和运作模式非常成熟，重视团队职能细分，强化支持服务性团队，利于专业化和标准化生产。CNN 重视利用本土化资源，并懂得"借力"，以合作伙伴、共同出资等多种形式使节目落地，节约了成本；将国际新闻内容产品进行本土化的"二次加工"，使其更加符合当地用户的需求。CNN 统筹总部与世界各地分支机构的关系，呈现出去中心化的特点；重视新媒体的发展，聘请有新媒体经验的人士担任管理层；重视社交媒体团队的专业化建设，探索电视屏幕与社交媒体深度融合；建立新媒体品牌。

BBC 开创了国际化和商业化并举的国际传播发展模式，并通过国际频道的商业运营反哺公共服务，其品牌效应又推动了国际化发展。BBC 世界新闻的商业模式是建立在专业化的新闻报道、相对成熟的机构和渠道建设之上的。其商业模式待 CGTN 品牌成熟再做参考。BBC 极为重视全球受众调查，根据受众的调查和反馈信息调整媒体战略布局，为用户提供更高品质的新闻产品和服务。BBC 采用用户导向思维，通过全球受众实证分析指导新闻实践，值得借鉴。

半岛电视台的崛起改变了中东、北非的传播格局，实现了信息流从发达的核心国家到第三世界国家的逆向流动。中东特殊的局势成就了半岛电视台，具有偶然性和特殊性，对中国而言，可以做有限的参考。

RT 的发展亦不容小觑，它向全球用户提供全球重大事件的俄罗斯视角，吸引欧美国家的受众，以"反西方主流"的倾向性吸引西方固定受众群。RT是比较具有参照性的媒体，对 CGTN 的发展有诸多可借鉴之处。俄罗斯高层对 RT 的垂直管理，用人制度灵活，大胆起用年轻管理层；采用"去俄罗斯化"的策略，聘用外籍工作者，注重报道专业化，关注传播效果；报道审查宽松，涉外报道尺度大，借助重大新闻事件扩大影响力，通过社交媒体制造噱头，提升关注度。RT 的报道带有较强的倾向性，重视传播渠道，通过有线电视和卫星电视、互联网平台、连锁酒店等，实现 RT 在全球的落地。

第四章

CGTN 的国际布局与海外运作

第一节　全球四地的轮盘制播体系

一、全球四地的轮盘制播体系

CGTN 国际化的重要环节就是将"全球化"（globalization）和"本土化"（localization）结合，"全球化"侧重对国际的影响，"本土化"是相对于全球化而言的一种趋势和潮流。"本土化"策略要求媒体作为目标市场的一员而不是外来"入侵者"，融入当地国家，以适应当地环境，获得更大的发展空间。处理好 CGTN 总部与分台的关系需要全球思维和本土思维。全球思维强调面向全世界的站位和视野；本土思维可以吸引海外观众，通过适应和利用属地资源，有针对性地进行本土化运营。

CGTN 北美分台设置在华盛顿，非洲分台位于肯尼亚，欧洲分台①设置在伦敦。开播前，北京总部与北美分台（北美区域制作中心）、非洲分台（非洲区域制作中心）相对独立，采编风格差异明显。开播后 CGTN 有意识

---

① 因欧洲分台于 2019 年年底开播，时间尚短，故本书暂不做讨论。

地弥合这一差异：互派记者，早9点及晚9点分别召开两次全球策划会，探索联动机制。目前，北美分台已从建台之初每天播出1小时英文节目扩展为每天播出6小时，而且每日播出的内容均为首播，无重播内容。非洲分台每天播出3小时英文节目，节目时长、深度、广度向国际媒体标准看齐。北京总部和各分台的节目实行全球轮盘播出，分台节目的制作播出具有一定的独立性。随着媒体融合的深入推进，"分台"的提法将逐步被整合后的"区域制作中心取代"。

欧洲区制中心建成后初期制播量为每天1小时，打造综合新闻等节目，实现了北京14小时+北美区制中心6小时+非洲区制中心3小时+欧洲区制中心1小时的编排结构。CGTN将建立并强化北京、北美、非洲、欧洲四地的联动机制，增加协同制作的节目新样态。

未来CGTN希望实现"8853模式"即一天的24个小时由北京、北美、欧洲、非洲的节目中心轮盘制作播出，形成北京总部制播8小时+北美分台（北美区域制作中心）制播8小时+欧洲分台（欧洲区域制作中心）制播5小时+非洲分台（非洲区域制作中心）制播3小时的模式。现播出时长与理想播出时长的对比见表4-1。

表4-1　CGTN 全球四地的制播体系表

机构名称	北京总部	北美分台	非洲分台	欧洲分台
位置	北京	华盛顿	内罗毕	伦敦
现播出时长（h）	14	6	3	1
理想播出时长（h）	8	8	3	5

二、CGTN 报道团队的全球布局

CGTN海外报道员目前覆盖全球68个国家及地区，全球覆盖面不断扩大。CGTN报道范围还应坚持重点突破，尤其是非洲和亚洲。欧洲区制中心开播后，基本实现全球四地轮盘的制播体系。

位于华盛顿的北美分台下设中文采集中心、英语区域制作中心、技术部和综合部，现有中方派驻人员约 40 人在华盛顿办公，外籍全职雇员 150 余人。同时，在纽约、洛杉矶、芝加哥、多伦多、墨西哥城等地也均有记者派驻。

北美分台的外籍员工主要集中在华盛顿总部英语区域制作中心，这些外籍员工均具有在 CNN、NBC、FOX、彭博社、半岛电视台等国际媒体工作的经验，具备良好的全球视野和专业技能，同时也非常熟悉美国受众的习惯，他们为北美分台英语报道的国际化、多元化打下了良好基础。此外，在北美地区还有 10 名特约报道员提供新闻报道服务。

对非洲的关注和报道是 CGTN 的一大特色。为了推进本土化进程，2012 年 1 月位于肯尼亚首都内罗毕的非洲分台正式开播（此前称为 CCTV Africa，现为 CGTN Africa），这是国际媒体在非洲建立的第一个分台。非洲区域制作中心拥有采集、拍摄、制作、播出一体化的高清演播室和先进的辅助设备，报道内容涉及整个非洲地区的政治、经济、社会、文化等各个方面。① 目前，非洲分台共有北京方面派出员工 40 余人，本地外籍雇员 120 人，在十几个国家聘请了特约海外报道员 20 余人。② 外籍雇员主要是来自肯尼亚、南非、英国等国家的新闻专业人才，其中一部分具有在 BBC、CNN 及当地主流媒体工作的从业经验。非洲几乎每一个国家和地区都有 CGTN 的员工，确保了非洲大陆重大事件都有记者进行即时报道。

国内方面，CGTN 不断加强新闻采集力量，北京总部的采集平台主要负责北京的报道和统合国内消息。此外，CGTN 在北京、上海、广州、成都、郑州、沈阳设立英语报道点，拥有百人采访团队，自采率提高至四成，未来

---

① 张建中．中国对非洲的媒体外交与战略传播分析——以"央视非洲分台"为例 [J]．中国电视，2013（3）．

② 数据来自《非洲直播室》（*Africa Live*）的主播 Beatrice Marshall（比阿特丽斯·马歇尔）在中国传媒大学的演讲，2019 年 4 月 29 日。

仍有望继续提高自采新闻的比重。

此外，CGTN 英语新闻频道在全球 56 个国家和地区部署了 131 名国际报道员，2018 年新拓展了西班牙、法国、墨西哥报道员团队，西、法、阿、俄语频道建立 27 人报道员队伍，覆盖 19 个国家和地区。

> 国际上，我们在全球重点地区设置了几个中心站，而且各个国家几乎都有记者站。英语不是我们的母语，这些驻点记者的英语水平很难胜任外语国际报道。虽然当时这些人才都是按照双语言招录的，但是实际上，语言表达能够胜任国际报道的凤毛麟角。当时我们是设计既（用外语）做国际报道也（用中文）做国内报道。但是七八年了，其实一直在对国内做国际报道。CGTN 成立后，我们在全球招了许多特邀报道员。那些按件计费的专业新闻人也是比我们国内的记者更专业一些的，我们也是想以后把这些记者变成我们的签约记者。如果没有这些记者，我们的报道在专业水平上会大打折扣。①

三、全球本土化的策略

"全球本土化"（glocalization）将"全球化"（globalization）与"本土化"（localization）这两个词语结合在了一起，反映了当地因素对全球化的影响和作用。它强调当全球化的产品或服务与当地文化相结合时更有可能取得成功。中国媒体的国际传播要大力实施全球化和本土化战略，加强节目的贴近性和针对性，努力消除跨文化传播可能存在的误解，尊重当地的文化习俗和收视习惯。在传播内容、传播渠道、媒体人才、媒体运营上力求实现本土化。外籍人员参与报道和出境主持是为了引发外国受众的兴趣，使其更容易从心理上接受报道，外籍员工的加入提升了 CGTN 团队的国际化水平。CGTN

---

① 根据 CGTN 北美分台副总监 F 的访谈，2017 年 12 月 26 日，华盛顿。

尝试借助外籍特约记者队伍做国际新闻报道。例如，在 2018 年中国共产党"十九大"报道中，CGTN 的报道团共 128 人，其中，中国记者仅 40 人。

CGTN 吸引了经验丰富、业务成熟的新闻从业者，他们中的很多人拥有世界知名媒体的从业经历，保证了 CGTN 海外节目的专业化水平，也吸引了更多当地观众的关注。北美分台 45 位主持人和出镜记者中仅有 8 位亚裔面孔，比如 2011 年就加入的主持人迈克·沃尔特（Mike Walter），他现在供职的部门是 CGTN America。沃尔特拥有丰富的新闻从业经验。他曾在华盛顿担任 6 年 CBS 电视台"WUSA"节目的主播，还曾担任 USA TODAY LIVE（今日美国直播版）的高级通讯员。他在"9·11 事件"中的报道曾引起了国际社会的关注。

比如北美区域制作中心《美洲观察》（*Americas Now*）栏目的主持人伊莱恩·雷耶斯（Elaine Reyes），《美洲观察》是每周 1 小时的新闻杂志类节目，专注于美国的政治、经济和社会问题。雷耶斯此前曾在位于华盛顿的 NBC 电视台旗下的 WRC-TV 工作。她曾担任几家美国知名电视台的记者和主播。

再比如《非洲直播室》（*Africa Live*）的主播——比阿特丽斯·马歇尔（Beatrice Marshall），她在非洲区域制作中心担任新闻节目主持人，介绍非洲的新闻和观点。马歇尔还是《对话非洲》（*Talk Africa*）的主持人，每周一次的脱口秀节目让全球观众深入了解非洲大陆的经济和政治事件。马歇尔曾采访过中国国务院总理李克强、联合国前秘书长科菲·安南、美国前国务卿希拉里·克林顿和 18 位非洲国家元首。此前，马歇尔曾担任肯尼亚最重要的电视网络 KTN 的副总编辑和首席主持人，在非洲颇具知名度。马歇尔在演讲①中谈到 CGTN 试图转变传统新闻理念，以建设性新闻（constructive journalism）构建全面客观报道模式。建设性新闻指的是媒体着眼于解决社会问

① 2019 年 4 月 29 日，中国国际电视台非洲分台（CGTN Africa）新闻主播比阿特丽斯·马歇尔以《CGTN 非洲：通过建构性新闻看到不同》（*CGTN Africa：See the Difference via Constructive Journalism*）为题进行演讲。

题而进行的新闻报道。

马歇尔说明，CGTN 的外国主播往往对中国友好，认同 CGTN 的价值观，自己作为非洲人很骄傲能在 CGTN 平台向世界展示非洲的诸多面相。她强调 CGTN 在讲述非洲的故事时，挑战"坏新闻就是好新闻（bad news is good news）"的西方传统，改变该理念下西方媒体所呈现的负面刻板印象。她认为讲述卢旺达、埃塞俄比亚等非洲国家经济快速发展的故事是有必要的，向世界讲述非洲故事时应遵循建构性新闻理念，改变部分国际媒体所描绘的非洲饥饿、贫穷、饱受战争蹂躏的负面形象。

目前，CGTN 国内报道团队平均年龄较低，以访谈类日播栏目《世界观察》（World Insight）为例，栏目共 21 人，其中 35 岁以下成员 17 人，平均年龄不足 30 岁。① 从学历上看，硕士研究生占有相当大的比例，不乏海外留学群体，学科背景多样，包括新闻学、外交学、国际关系学等，兼具新闻素养和外语能力的员工越来越多。新媒体新闻编辑部具有海外背景人员占 56%，30 岁以下员工占 67%（江和平，2019）②。对于 CGTN 而言，英语新闻频道的人员规模最为庞大，聘用制度上采用双轨制，英语新闻频道企聘（挂靠中视前卫等机构）的员工为 600~700 人，台聘的员工为 300~400 人。

境外报道的记者一般分为中国籍海外驻站记者和外籍海外报道员，后者有长期供职于 CGTN 的人士，也有海外自由职业者，按订单式收费。外籍海外报道员的报道质量相对较高，收入远远高于国内记者。

CGTN 海外制作中心仅部分管理层是由北京总部派驻，大部分员工为本地招募，大大提升了本土化水平。关于分台自由度的问题各地区有所不同，据北美分台的管理者介绍，在美国制作的节目直接向世界同步直播，不需要经过北京总部的二次审核。他们一般主要通过邮件处理行政及管理工作，极少干涉新闻报道内容。"对于外籍人员的管理和对中国政策的传达问题，外

---

① 世界观察栏目组. 电视生活［J］. CGTN 内部杂志，2017（10）.

② 江和平 2019 年 1 月在 CGTN 的年度总结和 2019 年工作设想大会的发言。

籍人员有新闻专业精神,遵守 CGTN 的规定和编辑部的思想,目前没有发生意识形态方面的问题。我们给予海外报道员国际水平的待遇与较高的自由度。"① 当然,部分外籍雇员也发出质疑的声音,认为外籍员工在深度参与方面遭到隐形制约,这一问题将在下一节进行讨论。

第二节　CGTN 国际传播面临的挑战

一、组织机制亟须革新

CGTN 人员机构的管理模式还较为传统,组织架构上的整合迟缓。此外,CGTN 现有的组织架构显得较为缺乏独立性,一方面 CGTN 已经是拥有独立呼号的国际媒体,另一方面仍与 CCTV 在人事、资源等方面存在诸多联系。在人事组织关系上,CGTN 是中央电视台的一个分支,CGTN 负责人江和平同时兼任中央电视台新闻中心副主任。在几个中央级媒体合并为中央广播电视总台(CMG)之后,兼有对内传播与对外传播的功能,CGTN 又隶属中央广播电视总台,理顺多方面的关系需要时间,这也是其他国际媒体不曾遇到的,在顶层设计上还需理顺。从 CCTV News 到 CGTN,除了增设新媒体部门,管理层的组织机制和人员配置并没有较大的变化,科层制的管理模式大大制约了其发展。

二、电视平台的传播渠道受限

前文中提到,从顶层设计上,中央推动成立中央广播电视总台(由中共中央宣传部领导),它运营了近 50 个电视频道、130 个电台频率、4 个主要新闻网站、38 种报纸期刊杂志,以 55 种外语面向世界传播,覆盖全球 98%

---

① 根据 CGTN 北美分台副总监 F 的访谈,2017 年 12 月 26 日,华盛顿。

的人口。① 在媒介渠道方面，CGTN 要区分信号覆盖用户和实际订阅用户，优化落地渠道。目前，CGTN 的电视端信号主要通过用户订阅的形式在全球落地，据《纽约时报》消息，CGTN 的电视信号已经进入 3000 余万美国家庭，长城平台是其重要的渠道。中国电视长城平台成立于 2004 年，是中国"走出去"战略的重要一环，目前由中国国际电视总公司（CITVC）所属的中视国际传媒有限公司（CICC）负责运营。② 长城平台电视传播技术，通过国际通信卫星、光缆等传输渠道，将频道信号输送到世界各个业务地区，合作伙伴包括当地主流卫星直播平台、有线电视网络和宽频电视（IPTV）等运营商。事实上 CGTN 不是长城平台唯一的电视频道来源。它还集成了海内外的优秀电视频道，语种包括汉语、英语、西班牙语和法语等，主要用户是海外广大华人华侨和当地主流社会人群。长城平台先后在美国、加拿大、欧洲、亚洲、拉美、东南亚、澳大利亚、非洲和新西兰等国家和地区播出，并将向世界其他地区扩展。

据笔者了解，CGTN 的电视节目并不包括在北美地区的有线电视基础套餐中，需要额外订阅或者通过电视盒子等其他设备收看，且 CGTN 在星级酒店、旅店等地的落地情况远不如 RT，这无疑影响了 CGTN 的收视率和传播效果。未来，新媒体平台将成为渠道建设的突破口。

三、国际知名度尚待提高

CGTN 作为新创立的媒体品牌，在国际上的品牌知名度一般。如果受众并不知晓该媒体品牌，主动收看其节目的可能性就较小，大大降低了接触的机会。CGTN 虽然提出了大力发展新媒体的倡议，但是在报道实践层面，绝大部分人力和资源仍向电视端倾斜。除了重点策划的新媒体产品，新媒体终端的力量有待增强，现阶段主要依靠电视端供稿，大屏与小屏之间的互动性

---

① 江和平 2019 年 1 月在 CGTN 的年度总结和 2019 年工作设想大会的发言。
② 根据长城 TV 官网。

有待进一步提高。

CGTN 的传播理念亦有待改进，很多节目仍然囿于中文节目的翻译版，缺少跨文化传播的视角。此外，CGTN 对受众调查重视不足，目前仍然没有广泛、系统、科学地进行全球受众调查，这是亟待解决的。

四、外籍员工深度参与或遭遇隐形制约

上一节提到，总部与分台之间的关系实质是 CGTN 节目"全球化"与"本土化"之间的关系。国际化和全球化是大趋势，而针对不同地域的受众采取"本土化"（localization）策略更具针对性，更容易提升传播效果。

有研究者认为，中国管理者和外籍雇员之间存在监督（supervision）、审查（censorship）、代理（agency）和跨文化合作（cross-cultural collaboration）等不同层面的对话。外籍雇员的创造力受到了某种限制，这种限制不是直接来自 CGTN 中国工作人员限制，而是来自某种隐性规范和价值观的制约，从某种意义上讲是全球媒体内容经过改良的过程（processes of domestication）。[1]

分台在与总部职能部门对接工作时，由于中间层级过多，存在信息传递不及时、信息失真等问题。学者 Emeka Umejei（2018）[2] 的研究认为，CGTN 非洲分台新闻编辑部存在严格的等级制度（hierarchy），中国派驻非洲的人员和非洲本土从业者之间形成了两套报道班底和把关团队，且中方占主导地位（dominant over African levels）。双重新闻机构（dual journalistic agency）局限和双重新闻把关人制度（two levels of gate keeping）造成了中国和非洲编辑（对于报道话语权）的不平等（inequality between Chinese and African editors）。

① MADRID-MORALES D. Narratives of Contemporary Africa on China Global Television Network's Documentary Series Faces of Africa [J]. Journal of Asian & Africa studies，2018（6）：917-931.

② UMEJEI E. Chinese Media in Africa：Between Promise and Reality [J]. African Journalism Studies，2018，39（2）：104-120.

五、人才流失问题突出

CGTN 人才的流失是不容忽视的问题，国家给予对外传播的资金支持力度较大，但是并没有很好地体现在对中国普通员工的支持和培养上。

首先，在聘用制度方面，除少数管理者和资深员工为"台聘"（直接与中央广播电视总台签订劳动合同）外，其余大部分均为劳务派遣员工。此类员工多与"中视前卫"签订合同，其福利待遇等往往不如台聘员工，难以做到同工同酬。"中视前卫"的全称是中视前卫影视传媒有限公司，它成立于 2015 年 6 月，隶属于中国国际电视总公司旗下的中视科华有限公司，是央视全资下属公司。公司现有员工 1600 余人，也是目前央视体系中规模最大的影视节目制作公司。

其次，在薪酬方面，有制片人认为过低的收入是造成人才流失的主要原因。

> 我觉得人才流失的原因，编制不是最重要的问题，现在新进员工并没有那么在乎台聘还是企聘，主要是薪酬待遇的问题，而且是很大的问题。现在的薪资收入是对劳动的估价、对贡献（contribution）的估价，目前整个的薪酬体系的科学性有待提高。目前台里非常重视大品牌的搭建，但是对新闻生产的重视尤其是对人的重视还待加强。海外报道员制作完成一条片子并播出的报酬是 400 美金，相当于一周收入的 4 倍多，因为这是按国际市场价格定的薪酬标准。而国内的员工待遇是按照国内标准制定，甚至低于同行业的媒体机构。由于薪资待遇等因素的影响，一些员工将 CGTN（此前的央视英语新闻频道）作为跳板，有了几年从业经历，积累了资源人脉之后跳槽到外企等机构，薪资待遇上涨 3~5 倍都是有可能的。现在 CGTN 的员工去其他机构工作的话，年薪 30 万、50 万甚至是 80 万都是有可能的。现在，领导也意识到这个问题，对薪酬

机制的现状也很着急，希望给年轻人更多机会，很大一部分认可要靠资金表达。①

　　目前影响节目质量的重要因素我觉得是人的问题。一个是人员数量少，同样的人对一条片子花费的时间精力不一样，做出的效果也不一样。另一个问题是人员流动太快，进来的新人即使学会了技术，对于新闻理解的功力也不一样，是需要一定积累的，需要不断练习，所以编前会要求写稿人和画面编辑去参加，就是通过编前会告诉他们，让他们把画面的东西着重表达出来，突出什么样的主题；同时把访谈的主题突出出来，编辑会提出来用什么样的画面。原来是别人告诉他要怎么做，现在是通过一次次的会议加深和帮助理解。如果这些人才流失了，还需要再重新培养，这对栏目来说也是一大损失。②

CGTN 现有的人才培训机制也有待创新，除驻外培训，现有的培训模式基本沿用传统的"师傅带徒弟"的模式，缺乏系统性和有针对性的全面培训。CNN 重视对培训的专业化细分，如战地报道，会根据需要对记者进行为期一周到三个月的战地培训和野外模拟训练。此外，CGTN 驻外记者现有的 3~4 年驻外时间周期轮换的规定，限制了驻外人员深度了解当地社会并建立社会关系的空间。

六、美国等国家的政策壁垒

除上述原因外，美国等国家的政策壁垒也是制约 CGTN 发展的重要因素。

（一）"外国代理人"：自由度和采访权限受影响

美国早在 1938 年就通过了《外国代理人登记法》（*Foreign Agents Regis-*

---

① 根据 CGTN 制片人 D 的访谈，2017 年 8 月 25 日。
② 根据 CGTN 制片人 B 的访谈，2017 年 10 月 21 日。据笔者了解，2017 年 9 月参与访谈的策划部门编辑 E 已经离职，回到高校任教，其在 CGTN 的工作时长为一年左右。编辑 E 按照引进人才标准给予薪酬，编辑税后月薪不足一万元。

tration Act，FARA)①，旨在遏制德国在二战期间的宣传活动。该法律规定，"外国代理人"代表国外政府等实体在美国从事与政治相关的活动，"外国代理人"需要定期向美国方面报告与外国委托人的关系以及在美国的财务状况及活动。以"外国代理人"身份登记的媒体，在美国采访活动将受到限制。

2016 年 12 月，奥巴马签署了《反宣传法》，这一法案于 2017 年初由美国国会通过，它旨在通过建立一个专业部门和机制，以加强对外国（法案中指明为俄罗斯、中国）对美宣传的约束。② 美国指责 RT 干扰 2016 年美国总统大选，美国司法部要求 RT 注册为外国代理人，否则就会受到严厉制裁，RT 被迫注册为"外国代理人"，它在美国将受到更多限制。2017 年 11 月 25 日，俄罗斯总统普京签署了对美国的反制法案，俄司法部拟将美国之音等 9 个外国媒体认定为"外国代理人"。

RT 被迫注册为"外国代理人"后，2018 年 9 月，美国司法部要求新华社和 CGTN 等中国媒体驻美机构注册为"外国代理人"。据美国之音报道，CGTN 北美分台（CGTN America）于 2019 年 2 月 1 日向美国司法部提交文件，披露了其与 CGTN 北京总部的关系，表示北美分台"不从事政治活动"。CGTN 的注册文件显示，它在 2018 年 12 月 1 日至 2019 年 1 月 31 日从中央电视台获得了约 800 万美元的资金。时任 CGTN 美国分台的台长（音 Ma Jing）也进行了个人登记，披露了其 22.1 万美元的年收入。CGTN 北美分台表示其"享有不受任何国家指导或控制的编辑独立性"，而且"注册是出于极大的谨慎，本着与美国当局合作的精神"。

CGTN 于 2019 年 2 月进行"外国代理人"登记后，不得不披露其预算和支出，并在包括社交媒体在内的所有平台上注明其是外国代理的免责声明。

---

① 条例要求（依照最早颁布的条款）："凡是服务于或代表外国政府和委托人从事宣传和其他活动的人，如果美国政府和人民有可能了解这些人的身份，并且有可能根据他们所在的组织和所从事的活动而对他们的言论和行为进行评价时，那么，此类人员必须予以公开曝光。"

② 伊强 . 美国"外国代理人"管理及对我国的启示 [J]. 学理论，2014（7）：62-63.

CGTN 在提交更新的美国国会记者资格时遭到拒绝，因为按照美国相关规定，国会记者证不能颁发给"外国代理人"机构。2019 年 3 月，据《纽约时报》报道，包括 CGTN 北美分台台长在内的几十名员工被召回中国。

（二）从"外国代理人"到"外交使团"：限制升级

美国对中国媒体的限制进一步升级，2020 年 2 月，特朗普政府又将五家中国媒体驻美机构列为"外国使团"，这些新闻机构分别是新华社、中国国际广播电台、CGTN 以及《中国日报》和《人民日报》的发行商。

一旦被列为"外交使团"，上述新闻机构需要报告所有人员情况，登记旗下所有租赁或拥有的物业。机构员工需同使馆工作人员一样进行出行申报，人事变动和财务状况也要接受美国的审查和监督。"外交使团"的身份将对中国在美媒体机构的国际传播产生较大的负面影响。中国政府第一时间就此提出严正交涉，表达坚决反对和强烈谴责，并强调保留做出反应和采取措施的权利。外交部新闻发言人耿爽在 2020 年 2 月 19 日的记者会上表示，中国从即日起吊销美国《华尔街日报》三名驻京记者的记者证。但他同时表示此举是因为《华尔街日报》上月发表评论文章失当，评论称"诋毁中国政府和中国人民抗击疫情的努力"标题带有明显歧视意味。亦有分析人士指出，这是中国对美国系列政策的反制措施，美方应当摒弃冷战零和博弈思维，停止采取损害中美互信与合作的举措。

2020 年 3 月 3 日，美国国务院宣布限制中国媒体驻美记者人数，从 3 月 13 日起，美方将限制 4 家主要中国媒体驻美人数，上限从目前的 160 人降至 100 人。同日，外交部新闻司司长华春莹对此向美国驻华使馆负责人提出严正交涉。

长期以来，美方对中国媒体记者赴美签证采取歧视性做法，2018 年以来以各种理由拒签了 21 名中方记者赴美签证。从要求中方媒体登记"外国代理人"，到将五家中国媒体列为"外国使团"，再到以所谓限制人数为名，实际上"驱逐"中国媒体驻美记者，美方不断升级对中国媒体的打压行动，严重干扰中方媒体在美开展正常报道活动，严重干扰两国间正常人文交流。①

美国是中国对外传播中极为重视的国家，对美国的传播效果也是考量国际传播的重要维度。目前，美国对华政策多变，也给 CGTN 带来不利的影响。其他国家和地区也存在对我国媒体不同程度的限制。

第三节　CGTN 未来的全球布局

接下来的部分从受众视角出发，通过对数据的分析来阐释 CGTN 的全球布局。前文提到，在报道量方面，CNN 侧重关注美国本土以及与美国相关的重大新闻（多为时政新闻），欧洲地区和其他全球热点地区新闻报道量紧随其后。BBC 的新闻报道侧重英国本土消息，并且也关注欧洲其他国家以及全球热点地区的新闻。半岛电视台的英语新闻节目重点关注中东、非洲地区的新闻和全球其他地区重大新闻。CGTN 应当秉持全球格局，在报道内容上有所侧重，形成具有特色的报道优势。

一、整合资源，突出亚洲特色

在"谷歌趋势（google trends）"平台中以 CGTN 为关键词，时间跨度从 2016 年 12 月 31 日到 2019 年 2 月 20 日，在全世界范围内，通过谷歌全网搜索数据，得出兴趣指数图（见图 4-1）。需要说明的是，图中的数据来源基于谷歌搜索引擎，考虑到并非所有国家都使用谷歌进行搜索，因此数据可能存在

---

① 外交部新闻司. 外交部新闻司长华春莹就美方限制中国媒体在美记者人数向美国驻华使馆负责人提出交涉 [R/OL]. 外交部新闻司，2020-03-03.

偏差。

　　全球范围内，搜索频次最高的城市分别为北京、新加坡、拉各斯（位于西非的尼日利亚）、多伦多、悉尼，说明在受众知晓度方面，CGTN 在亚洲拥有一定优势。

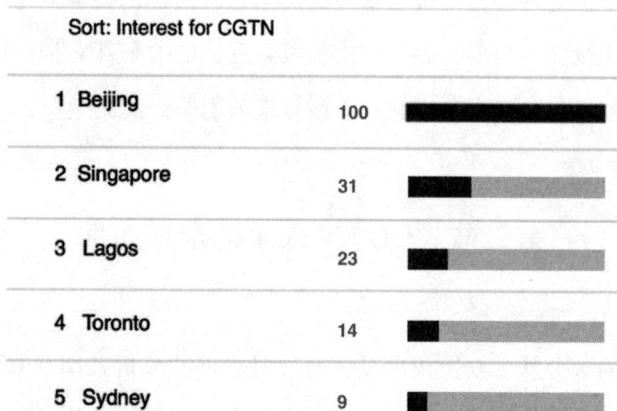

Sort: Interest for CGTN

1 Beijing	100	
2 Singapore	31	
3 Lagos	23	
4 Toronto	14	
5 Sydney	9	

图 4-1　"谷歌指数"中 CGTN 兴趣指数在全球的城市分布图

　　CGTN 现阶段应当秉持国际格局、亚洲特色、中国视角，最终向全球传播转向。由于总部位于亚洲的全球性媒体数量较少，这为 CGTN 突出亚洲地区的新闻报道优势提供了有利条件，朝鲜半岛新闻或可成为 CGTN 进行差异化竞争的重要一环。CGTN 要在关注中国的同时反映亚洲观点，同时不忽略与中国密切相关的周边国家和地区及其亚文化，尤其是"一带一路"沿线国家和地区，不断向周边国家主动推介，提升品牌知名度和传播影响力。

二、强化非洲优势，形成独特资源

　　谷歌指数数据库中 CGTN 全球的兴趣指数如图 4-2 和表 4-2 所示，图中颜色越深，代表被搜索的频数越多（世界范围内的国家和地区被标准化赋值 0~100 分，其中 0 分代表没有搜索，100 分代表搜索频次最高），即该地区的用户对 CGTN 越感兴趣，以此来推断 CGTN 受众的人口统计学指标。在谷歌指数数据库中 CGTN 兴趣指数排名最高的是非洲的南苏丹共和国（South Sudan）。美国盖勒普咨询公司（Gallup）发布的 2018 年《全球法律与秩序》报告显示，南苏丹是非洲最不安全的国家。据公开媒体报道显示，中国对南苏丹的友好活动得到其政府的认可。中国驻南苏丹维和部队的蔬菜种植技术受青睐，2018 年 5 月，南苏丹政府为当时即将离任的第五批中国援南医疗队举行荣誉证书颁发仪式，CGTN 等中方媒体全程采访报道了此次活动。此外，在兴趣指数排名前 10 位的国家和地区中，非洲国家占了 5 成，相较于世界其他地区，CGTN 在非洲知名度更高。

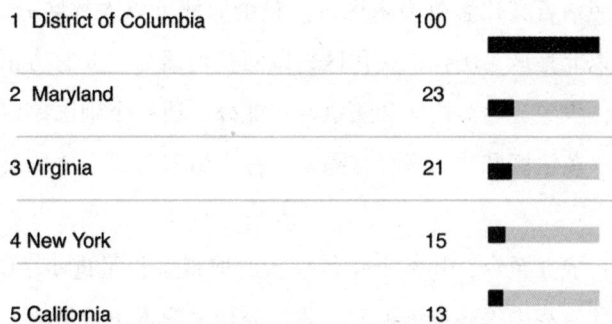

1 District of Columbia	100
2 Maryland	23
3 Virginia	21
4 New York	15
5 California	13

图 4-2　"谷歌指数"中 CGTN 兴趣指数全球分布图

表 4-2　"谷歌指数"中 CGTN 兴趣指数在全球的分布

序号	国家或地区	关注度（标准化得分）
1	SouthSudan 南苏丹，非洲东北	100
2	Ethiopia 伊索比亚，位于东非	53
3	China 中国	33
4	Uganda 乌干达，位于东非	16
5	Somalia 索马里，位于东非	10

续表

序号	国家或地区	关注度（标准化得分）
6	Bhutan 不丹	14
7	Myanmar（Burma）缅甸	12
8	Guyana 圭亚那，南美洲北部	8
9	Singapore 新加坡	6
10	Kenya 肯尼亚，位于东非	6

　　非洲不是一个简单的名称，而是由 54 个拥有各自文化、经济和政治体系的国家组成的大陆。非洲独特的地缘国际政治格局形成了复杂独特的话语权力场。按照语言文化影响力来区分，整个非洲可以大致区分为以下区域：撒哈拉沙漠以北地区为阿拉伯文化区，以阿拉伯语为主要官方语言；撒哈拉以南的非洲，大致分为英语区和法语区；此外，还有个别国家以葡萄牙语等为官方语言。英语区和法语区存在隔阂，各个国家与原宗主国又存在千丝万缕的联系。

　　非洲分台成立至今，其本土化传播实践取得了长足进步，CGTN 的国际影响力也在此过程中得到持续提升。非洲分台采取本土化策略，发挥"非洲人报道非洲"的方针，聘用当地有名望的非洲新闻工作者组建报道团队，派驻的特约报道员遍布非洲，并进行了较为客观、平衡的报道。非洲分台在报道中遵循积极报道的方针，侧重报道非洲各国在经济建设和社会发展中取得的进步，与西方媒体的大量负面报道相区别，并突显中非关系中的积极方面。

　　目前，包括 BBC、CNN、RT 等国际主流媒体都已经意识到在非洲扩展影响力的必要性，并采取了实质性措施。未来，CGTN 非洲分台应当继续保持对非洲国家的传播优势，积极丰富节目形式，扩大与当地媒体、机构的合作，努力巩固先发优势，进一步增强在非洲地区的认可度和影响力，拉开与其他国际媒体的差距。

非洲分台可以根据语种，调整非洲分台驻外人力配置，按照国家的政治经济等方面的重要性、关联性，进一步优化站点配置，并考虑在非洲分台增加法语节目，细分受众人群。

目前，世界其他国家和地区对非洲国家仍然知之甚少，打破刻板成见，客观、全面地展示非洲，成为 CGTN 非洲分台的着力方向。CGTN 非洲分台期望对世界客观地讲述非洲的发展，同时阐述中国在此过程中发挥的作用，促进中非媒体友好互动，比如卢旺达、埃塞俄比亚等非洲国家经济快速发展，离不开中国的建设和帮助。

三、探索欧美突破口，主动推介，扩大影响

国际媒体竞争激烈，欧美的传媒业非常发达，CGTN 在欧美地区属于外来者和后来者，优势并不突出。CGTN 欧美地区的标准化得分不高，甚至不足 1 分，这反映出 CGTN 在欧美的受关注程度偏低，知名度不高。虽然北美分台采用本土化战略，聘请大量具有国际专业水平的报道团队，但欧美媒体数量众多，CGTN 在较量中优势不明显。欧洲分台建立后，CGTN 在欧洲的情况或将改善。

美国本土的媒体行业发展成熟，不同媒体的政治倾向性稳定，其他国家的媒体进入美国并获得认可的难度较大。由于文化不同，美国普通民众真正关心的不是国际新闻，而是自己的生活和切身利益。在时政报道和军事报道方面，对于处于中间立场的外国媒体是很好的机会。CGTN 如果发出与美国主流媒体不一样的声音，就有可能获得部分美国民众的信任，RT 的成功在很大程度上归因于此。

另外，欧美媒体涉及南美的报道较少，因此，南美也是一个有待 CGTN 发掘的报道区域。

图 4-3 呈现的是 CGTN 兴趣指数在美国的分布情况，排名第一的地区是北美分台所在地美国首都华盛顿。其次东海岸和西海岸各州排名较高，中部

的州较低，还有近 2/3 的州没有涉及。美国相关的州和地区的关注度数据见表 4-3。欧美的媒体极度发达，CGTN 在上述地区属于外来者和后来者，缺乏优势。

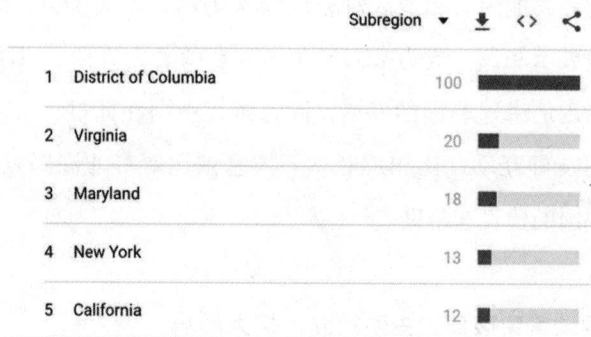

Subregion

1	District of Columbia	100
2	Virginia	20
3	Maryland	18
4	New York	13
5	California	12

图 4-3 "谷歌指数"中 CGTN 兴趣指数在美国的分布图

表 4-3 "谷歌指数"中 CGTN 兴趣指数在美国的分布

序号	州/特区	关注度（标准化得分）
1	华盛顿特区	100
2	弗吉尼亚州	23
3	马里兰州	21
4	加利福尼亚州	15
5	纽约州	15
6	新泽西州	11
7	马萨诸塞州	11
8	得克萨斯州	7
9	伊利诺伊州	7
10	华盛顿州	5
11	宾夕法尼亚州	5

序号	州/特区	关注度（标准化得分）
12	佛罗里达州	5
13	乔治亚州	5
14	北卡罗来纳州	4

因此，加强对现有地区的优势，吸引东西海岸和五大湖地区的受众，扩大在美国中部地区的影响，是 CGTN 北美分台下一步的关键。美国受众往往更关心自己的生活，CGTN 应当针对受众需求进行调整，同时通过举办校园活动等多种方式在欧美年轻人中进行主动推广。

目前，CGTN 北美分台的节目质量达到了国际主流新闻媒体的水平，北美分台获得包括纽约国际电视电影节大奖在内的 60 多个重要奖项。

与特朗普政府存在较大的政策变数不同，拜登政府的对华政策趋于稳定，但其将中国视为国际社会的强劲竞争对手，这也给 CGTN 在美国进一步扩大影响带来制约。意识形态问题在美国年轻一代人群中并不像老一代观众那样根深蒂固，给 CGTN 对外传播提供了空间。CGTN 应当加强自我推介，通过走进校园，并通过社交媒体等形式，前期传播争议较少的"去政治化"的内容，积极培养年轻受众，提升在美国年轻一代中的影响力。

本章小结

本章探讨了 CGTN 的国际布局与海外运作。CGTN 的国际传播将"全球化"（globalization）和"本土化"（localization）结合。英语新闻频道全球四地轮盘制播，CGTN 根据全球不同国家和地区时差进行全球分时差编排，24 小时播出。海外报道员目前遍及全球 68 个国家和地区，全球覆盖面不断扩大。CGTN

在传播内容、传播渠道、媒体人才、媒体运营上实行本土化策略。

CGTN 的国际传播亦面临挑战：组织机制因循传统，亟须革新；在传播渠道上电视平台传播受限，可以着力通过新媒体平台传播；国际知名度尚待提高；外籍员工深度参与或遭遇隐形制约；CGTN 的员工流动性大，人才流失也是不容忽视的问题；美国等国家的政策壁垒是制约 CGTN 发展的重要因素。

CGTN 应当突出亚洲特色，进一步强化非洲优势，形成独特媒介资源；探索欧美突破口，主动推介，扩大影响。

第五章

"看见不同"：探索差异化的媒体品牌

第一节　品牌与媒体品牌

一、品牌的符号价值与情感价值

国际知名的奥美广告公司创始人认为，"品牌是一种错综复杂的象征，它是产品的属性、名称、包装、价格、历史、声誉、广告风格的无形组合"（Oglivy，1950s）。[①]品牌包含属性（attributes）、利益（benefits）、价值（values）、文化（culture）、个性（personality）、用户（user）等内容。[②]它是一种"独特的名称或符号"，具有差异化的特征（Aaker，1996）。[③] 品牌充满了强大的象征价值，创造了用户的忠诚（loyalty），更重要的是，可能形成与用户紧密连接后的情感依恋（Aaker，1996）。[④] 品牌不仅具有名称或徽标来显示

[①] 刘宏，陈卫星. 全球化传播的媒体品牌及专业理念［J］. 电视研究，2011（8）：18-20.

[②] 刘宏，陈卫星. 全球化传播的媒体品牌及专业理念［J］. 电视研究，2011（8）：18-20.

[③] Aaker, D. A.. Building Strong Brands［M］. London：Simon & Schuster, 2012：1-3.

[④] Aaker, D. A.. Building Strong Brands［M］. London：Simon & Schuster, 2012：1-3.

其独特性，还提供"基于超出其功能性能的因素的附加价值"（Knox，2004）①。优秀的品牌与用户之间可以形成一种信任感和认同感。同时，品牌还是一种交流工具（Chernatony &McDonald，2002），代表着组织、产品、服务、政治团体的价值观（values）、性质（nature）和个性（personality），品牌也被描述为"价值观的集合（cluster of values）""多维结构（multidimensional constructs）"和"社会产物（social objects）"。提升品牌价值需要使利益相关方相信品牌所传递的共同价值观，建立共享的品牌愿景，增强品牌识别度。虽然品牌是复杂的实体，但它们需要被提炼成一个简单的（simple）基于价值的信息（value-based message），以便于传播，它必须在内部和外部保持一致，并被整合在一个连贯的营销策略中。因此，一个强大的品牌具有明确的、可识别的品牌身份（Brand Identity），与消费者、利益相关者和市场产生共鸣（Christopher et al. 2014）。其中，建立强大的品牌形象（brand image）至关重要（Dean & Croft，2001）。②

二、媒体品牌的国际传播

媒体品牌是能给媒体带来溢价、产生增值的一种无形资产，它的载体是用以和其他竞争者的媒介产品相区分的符号集合，包括媒体名称、标识、风格、设计等元素的集合，其增值的源泉是在用户心中形成的媒体印象。媒体品牌的传播符号应有独特性和持久性。

媒体品牌战略是媒体对塑造自身品牌全局性的策划和谋略，是媒体管理者对媒体品牌问题的决策和实施过程。中国的媒体要在全球化新格局背景下构建媒体品牌并进行长期规划，综合考虑内部和外部环境因素，具有清晰的品牌意识和明晰的品牌建设思路，建立品牌发展目标，并协调媒体各个部

---

① KNOX S. Positioning and Branding Your Organisation［J］. Journal of Product and Brand Management，2014，13（2/3）：105-115.

② DEAN D，CROFT R. Friends and Relations：Long Term Approaches to Political Campaigning［J］. European Journal of Marketing，2001，35（11/12）：1197-1217.

门，整合各种资源。

公信力、影响力、忠诚度、美誉度是媒体品牌的几个考量维度。公信力
（credibility）反映受众对媒体的信赖程度，是媒体发挥社会影响力的基础，
公信力真实、严肃、权威；影响力（influence）表现为受众在认知、倾向、
意见、态度和信仰以及行为方面产生作用和效果的能力（effect/efficacy）；忠
诚度（loyalty）指用户对同一品牌的媒介产品关注和使用的持续程度，包括
行为方面和情感方面；美誉度（reputation）指媒体品牌在公众心中声誉的良
好程度，是衡量媒体形象（media image）的重要标志。

在国际传播实践中，中国的媒体往往更注重硬件传播渠道的搭建和传播
内容（即新闻报道）的生产，媒体品牌因素的影响常常被忽略。如果媒体品
牌的知晓度低，则海外受众对其的关注度也会大打折扣，这会对传播效果产
生负面影响。提高媒体品牌的知名度，将影响国际传播过程中的机会因素，
增强受众与信源机构信息接触的可能性。CGTN 成立仅三年多，还处于媒体
品牌建设的初期，具有较强的可塑性，建立具有特色的媒体品牌，是 CGTN
提升国际影响力的重要一环。

第二节　探索 **CGTN** 的特色媒体品牌

一、国际传播中的品牌认知

良好的传播情景有助于受传者接收（receive）和接受（accept）讯息，
媒介情景主要由外部环境（传播渠道等技术因素）、受传者的媒介使用习惯
等因素决定。机会不足意味着受传者所处的环境条件不利于其参与解码过
程，传播者希望传播的信息难以被受传者所理解和接受。在国际传播过程
中，如果受众对信息的解读方式和过程难以符合编码者预期的设定，那么就

难以达到相应的希望取得的传播效果。

在国际传播过程中影响机会因素指标主要包括以下方面：其一，受众与信源机构信息接触的可能性；其二，受众接触信息的渠道；其三，受众与信源机构信息接触的时长与频率。① 例如，在国际传播中，用户经过长时间的接触和判断，对媒体品牌形成了稳定的认知态度，一旦发生国际重大突发事件，会首先倾向于从其熟悉的、全球知名度和美誉度较高的媒体中获取信息。

如果国际媒体的品牌知晓度低、品牌辨识度不高，这样的媒体将难以获得受众的有效关注，进而影响其传播效果，这对刚建立不久的媒体品牌尤为关键。传媒机构通常采用"日常化"策略增强提升用户黏性，通过受众接触的可能性较大、频率较高、持续时间较长的大众传播渠道传播讯息。

二、同类型全球性媒体的品牌定位

前文第三章对 BBC、CNN、半岛电视台、RT 等四个具有国际影响力的新闻机构的定位与特点进行了分析，为 CGTN 建立全球化媒体品牌和提升国际传播能力提供了可以借鉴的经验。上述四家都是具有较强国际传播竞争力和影响力的全球性媒体，形成了各自独特的媒体品牌和具有辨识度的媒体"标签"。西方老牌的公共媒体机构 BBC，历史最为悠久，标榜中立客观，不受商业左右。CNN 重视国际化建设，以对全球重大新闻事件 24 小时的专业化报道见长。半岛电视台在中东乱局中崛起，提供中东局势的第一手报道资源；强调"意见"与"异见"，呈现具有争议性的两方观点，重塑了中东和北非的新闻传播格局。RT 采用垂直化管理模式，"去俄罗斯"化的内容报道，重视全球重大新闻事件的专业化报道；在观点上和西方（特别是美国）主流报道和价值观唱反调（美国主流媒体推崇的，就是 RT 反对的），善于炒

---

① 蒋晓丽，张放. 中国文化国际传播影响力提升的 AMO 分析——以大众传播渠道为例［J］. 新闻与传播研究，2009（5）.

作和制造噱头，吸引了大批反对西方主流政策和价值观的群体（以美国劳工阶层为主），形成了不同于西方主流的舆论场。

三、CGTN 差异化的品牌定位："看见不同"

对 CGTN 而言，上述的全球性媒体既是竞争对手，也是可以借鉴的对象。每个媒体机构都有独特的媒体品牌标签和特色，无论照搬哪一个，CGTN 都不会成功。它必须依据全球化新格局的背景、中国所处的国际环境和自身角色，找出一条建立独特品牌和适合自身发展的差异化道路。接下来笔者将从前面章节所涉及的四家全球性媒体现有的媒介资源和媒体品牌出发，逐步探索和找寻 CGTN 的独特优势和媒体品牌建设的策略。

对于年轻的 CGTN 而言，建立独特的品牌资源和提升品牌知名度非常关键。CGTN 的口号是"看见不同（see the difference）"，这说明其管理层已经意识到了差异化的品牌发展路线，这种"不同"又当如何诠释呢？

第一，CGTN 试图跳脱西方话语垄断，发出中国媒体的声音，从中国的视角（perspective）解读国际新闻，而不是照搬西方媒体的价值观与报道取向。这一部分在第一章已经有较为详尽的阐述。

第二，在媒体资源的全球布局方面，CGTN 应当建立和强化自身的优势，形成特色资源。笔者认为突出亚洲特色、强化非洲优势、寻求欧美突破口，是 CGTN 报道内容方面的可行方案，该部分主要体现在第四章第三节。

第三，CGTN 应当进行差异化竞争，形成独具特点和辨识度的媒体品牌，发挥中国在国际舞台的优势，提升国际传播能力。中国希望通过媒体外交提升国际影响力，CGTN 应当主动推介，提升品牌知名度，利用"一带一路"等主场外交，提升国际影响力。

接下来，本节着重从第三点出发，从受众视角出发对媒体品牌认知进行延伸，探讨 CGTN 的媒体品牌建设路径。

第三节　CGTN 媒体品牌的优化建议

一、整合媒体品牌资源

CGTN 成立的时间不长，虽然整合了 CCTV 外语频道等资源，但仍是一个非常年轻的媒体品牌，尚处于品牌的建构和完善时期。美国管理学家奈杰尔·霍利斯（Nigel Hollis, 2009）① 认为提升知名度是建立全球化品牌的第一阶段。

品牌知名度指一个品牌被公众知晓、了解的程度，是用户或者潜在用户可以迅速认知识别或激发起对某一品牌记忆的能力。媒体品牌知名度的影响因素有传播范围（包括媒介渠道的覆盖率、到达率等）、影响力和传播效果。② 国际社会政治、经济、文化背景复杂多元，建立全球性的媒体品牌并非易事。

在品牌认知方面，在谷歌指数中对 CGTN、CGTN America（美国）、CGTN Africa（非洲）进行对比（时间跨度为 2016 年 12 月 1 日至 2019 年 1 月 29 日）（如图 5-1 所示），发现 CGTN 的兴趣指数（深色）明显高于后两者，2016 年 12 月 31 日，CGTN 开播成为检索的峰值，且兴趣指数的标准分数多在 50～75 分之间波动，而 CGTN America 与 CGTN Africa 的搜索指数相当，低于 10 分。CGTN America 的主要用户分布在美国、加拿大、印度和亚洲、欧洲、非洲、南美洲部分国家和地区。CGTN Africa 的主要用户分布在非洲和美国（以非裔美国人为主）。因此，在今后的品牌传播中，不妨集中优势，以 CGTN 作为主推

---

① 奈杰尔·霍利斯. 全球化品牌 [M]. 北京：北京师范大学出版社，2009.
② 刘宏，陈卫星. 全球化传播的媒体品牌及专业理念 [J]. 电视研究，2011（8）：18-20.

品牌，整合品牌资源，提升知名度和影响力，拓展用户范围。

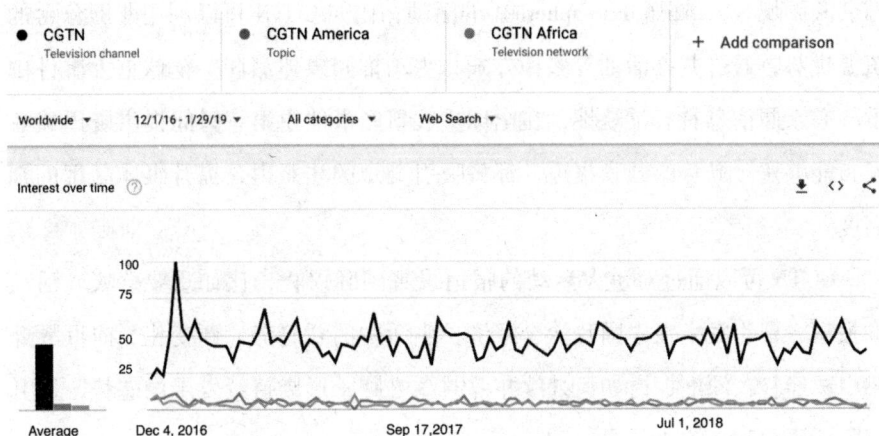

图 5-1 "谷歌指数"中 CGTN 兴趣指数对比统计图

二、提升媒体品牌知名度

提升媒体品牌知名度的传播策略主要有：利用广告宣传提高传媒品牌知名度；运用活动推广，增强品牌影响力；巧用公共关系和媒体外交提升品牌美誉度和亲和力。在广告投放方面，新华社在纽约时代广场做的关于中国形象的广告花费不菲。遗憾的是由于国家广告宣传片中人物辨识度不高，观看的外国人士对代表中国形象的人物符号认知水平有限，且时代广场环境嘈杂，难以停下来仔细观看广告，导致广告主"编码"的广告难以被观看者正确"解码"，造成了受传者的认知障碍，传播效果不显著。

CGTN 可以利用公共关系（public relations）和媒体外交（media diplomacy）增进与其受众之间的沟通和理解，进而改变受众对传媒的态度、认知和情感，并最终促进媒介使用行为的发生和媒体品牌知名度的提高，这将有助于传媒建立信誉，赢得信任，在公众中树立和维持媒体品牌的良好形象和所在国的国家形象。比如在选举期间将政治传播中的政党价值观等信息通过媒体传播，进而影响受传者的认知（Whiteley 等，1994）。① 积极参与全球公共领域（global public sphere）的活动，比如 CGTN 可以利用非洲分台的资源优势，通过共办活动等多种方式，主动推介媒体品牌。全球重大事件中的核心新闻信息具有稀缺性，在全球重大新闻事件中第一时间提供资讯或者发布能够扭转局势的独家报道，都将吸引受众的注意力，提升媒体品牌的知名度。

CGTN 可以通过对重大活动的报道设置国际议程，比如重要会议、活动的报道，聚焦发生在中国政治、经济、生活中的新趋势、新变化，向世界介绍中国经验，深度探讨如何继续共辟共赢之路，形成持续发展的态势，提升国际话语权和影响力。

此外，打造具有辨识度的名牌栏目、名牌记者和主持人也至关重要。CGTN 设置了一些"冠名"主持人的栏目，如《冠察天下》（*Reality check with Wang Guan*）、《对话杨锐》（*Dialogue with Yang Rui*）、《薇观世界》（*World Insight with Tian Wei*）、《欣视点》（*The Point with Liu Xin*）、《悦辩悦明》（*Zoom In with Zou Yue*）、《走近中国》（*Closer to China with R. L. Kuhn*，CTC）等。其中作为《走近中国》的主持人和联合制作人的外籍人士库恩（R. L. Kuhn）同时也是 CNN、BBC、CNBC、彭博、福克斯的评论员和《南华早报》《中国日报》的专栏作家。外国面孔给外国观众以"亲切感"，了解中国并愿意向世界介绍中国的外国主持人非常难得，他们可以跳出中国人的视角，以全球的眼光审视世界。但与此同时，也要警惕外国主持人或记者因供职机构过多而有可能带给观众混乱感。例如，有些外国记者以自由职业者的身份报道国际新闻，在新闻现场和多个媒体连线，这在国际重大突发事件中尤为突出。

---

① PICH C., DEAN D., PUNJAISRI K.. Political brand identity: An examination of the complexities of Conservative brand and internal market engagement during the 2010 UK General Election campaign [J]. Journal of Marketing Communications, 2016, 22 (1).

三、推进媒体品牌识别系统专业化

品牌识别指品牌建立者希望为品牌创造的独特的、设想的身份。建立可识别的品牌系统将对品牌的发展产生深远影响，Chernatony（2002）认为品牌标识分为 7 个主要部分：愿景（vision）、文化（culture）、定位（positioning）、个性（personality）、关系（relationships）、表达（presentation）、反思（reflection）①。Kapferer（2008）提供了评估品牌一致性和品牌整合的机制。品牌的认同感和核心价值观（core values）为品牌活动和沟通的构建提供了支撑（Christopher et al.，2014）。企业形象识别系统（Corporate Identification System，CIS）包括视觉识别（visual identity）、理念识别（mind identity）和行为识别（behavior identity）。而品牌识别系统（Brand identification system）侧重以统一化的图形和文字符号形象来加强视觉识别效果，建立起具有高度同一性、独特性、可识别性的品牌，区别于其他竞争者，该系统主要从色彩、字体、图形、声音、影像、风格等多方面建立品牌识别体系。品牌识别系统是一系列元素的集合，它们共同创造统一的、一致的和灵活的品牌资产，从而有效地与受众沟通。品牌识别系统主要包括品牌标识或标志（primary brand mark or logo）、二级品牌标识（secondary brand mark）、配色（color palette）、版式（typography）、品牌视觉扩展的部分（visual brand extensions）和品牌基调（brand tone）等。②

品牌基调简单来说就是品牌的个性，是品牌在传播过程中给用户传达的印象或感觉。品牌基调可以通过愿景、使命、品牌标语等表现出来。

随着 2016 年 12 月 31 日的开播，CGTN 采用全新标志（logo）和演播室。

---

① CHERNATONY L.. Would a Brand Smell Any Sweeter by a Corporate Name? [J]. Corporate Reputation Review，2002，5（2/3）：114–132.

② YAO J.，WANG X.，LIU Z.. Brand management innovation：A construction of brand experience identification system [J]. Journal of Applied Sciences，2013，13（21）：4477–4482.

新标志的文字基于改进美化的 Syntax Series 字体，文字颜色采用香槟金色，突出简洁明快的风格，体现品牌年轻化的特点，又不失稳重大气的格局。

上文中提到，品牌识别系统（Brand identification system）侧重以统一化的图形和文字符号形象来加强视觉识别效果，建立起具有高度同一性、独特性、可识别性的品牌。但在实践中仍存在标识不统一的问题。CGTN 北美频道的标识，既有电视端灰底白字的设计，又有在 YouTube 平台上亮蓝色背景的图标。标识系统混乱，尚不统一，专业性水平仍需提高。

随着互联网技术的快速发展，网站和社会化媒体成为全球传播的崭新平台。CGTN 应当整合各个平台，采用统一的、可识别的、易传播的品牌符号系统，塑造其在公众心中良好的组织形象，增强全球用户认同感，打造全球化的媒体品牌。CGTN 旗下各个品牌应当采用标准化设计，增加品牌辨识度。目前，CGTN 在 Facebook 平台、CGTN 主账号、CGTN America 以及其他语种的公众号未采用统一标识系统（design on identification system），配色和图标显得杂乱，缺乏专业性。CGTN 在网站设计、客户端设计等诸多方面也存在该问题，不利于用户形成统一的品牌认知。

本章小结

本章探讨了 CGTN 差异化的媒体品牌建设思路。媒体品牌是能给媒体带来溢价、产生增值的一种无形资产。如果国际媒体的品牌知晓度低、品牌辨识度不高，这样的媒体将难以获得受众的有效关注，进而影响其传播效果，这对历史较短的媒体品牌尤为关键。

从世界范围看，CGTN 同类型的主要竞争者包括 BBC、CNN、半岛电视台和 RT，它们都是具有较强国际传播竞争力和影响力的全球性媒体，并且形成了各自独特的媒体品牌和具有辨识度的媒体"标签"。对 CGTN 而言，海外全球性媒体既是竞争对手，又是可以借鉴的对象。每个媒体机构都有独特的媒体品牌标签和特色，如果模仿照搬，CGTN 将难以成功。CGTN 必须依据全球化新格局的背景、中国所处的国际环境和自身角色，找出一条建立独特品牌和适合自身发展的差异化道路。

对于年轻的 CGTN 而言，建立独特的品牌资源和提升品牌知名度非常关键。CGTN 将依托中国在国际舞台的重要角色与资源优势，提升国际传播能力。中国希望通过媒体外交提升国际影响力，CGTN 应当主动推介，利用主场外交，提升品牌知名度和国际影响力。

在品牌专业化建设方面，应当整合优化 CGTN 的媒体品牌，提升品牌知名度，加强媒体品牌识别系统的专业化建设。

第六章

内容建设：新闻报道专业化

本章将通过 CGTN 的国际新闻报道实践，分析其在国际新闻传播中的表现。本章选择的案例既有"一带一路"这样的由中国媒体设置议程的正面报道，又有突发性新闻事件，也有对中国的负面报道，其他全球性媒体的报道将提供参照和比较。

在内容建设上，要充分考虑受传者接受的能力因素（Ability），即要考量受传者有无解码信息技能，这是一个主要取决于受传者自身的因素。在国际传播中，为了取得较好传播效果，往往需要传播者在传播内容（国际新闻报道）的设计上考虑国外受众的特点，降低传播信息的理解难度和障碍，或者通过进行有针对性的解释和"翻译"帮助国外受众理解。

第一节　议程设置型报道的分析
——以"一带一路"报道为例

一、议程设置型报道

议程设置（agenda setting）理论认为大众传播往往不能决定人们对某一

事件或意见的具体看法，但可以通过提供信息和安排相关的议题来有效地左右人们关注哪些事实和意见并且影响其对事件重要性的认知（Shaw& McCombs，1968）。

议程设置型报道希望通过媒体的报道，影响受众对事件重要性的认知，CGTN 希望通过对重大活动的报道设置国际议程，如重要会议、活动的报道，聚焦发生在中国政治、经济、生活中的新趋势、新变化，向世界介绍中国经验，深度探讨如何继续共辟共赢之路，形成持续发展的态势。希望通过报道建构价值认同，提升中国的国际话语权和影响力。在全球化的语境下，通过媒体报道形成的具有全球性影响力的事件被称为"全球性媒介事件"①。

国际重大的会议和活动，作为全球性媒介事件，征服了时间和空间。全球受众在媒体高密度的报道中感受节日仪式性的庆典，通过电视画面和网络直播形成媒介仪式。"媒介化"的重大议程设置报道开启了新的地理空间，超越了"民族—国家"的边界（吴瑛、黄天依，2018）。"一带一路"高峰论坛时期，全球 29 位国家和地区的最高领导人以及 1500 余名代表和 4000 多名记者汇聚北京，"一带一路"的报道也持续了几年之久。议程设置型报道的事件一般是可预知的，通过精心的选题策划可以扩大报道的影响力和知名度，取得更好的传播效果。

二、"一带一路"倡议

"一带一路"是"丝绸之路经济带和 21 世纪海上丝绸之路"② 的简称。"一带一路"倡议亦可译为"the Belt and Road Initiative（BRI）"。2013 年 9 月 7 日，中国国家主席习近平在哈萨克斯坦出访的演讲中提出共同建设"丝绸之路经济带"的倡议。2013 年 10 月 3 日，习近平主席在印度尼西亚国会

---

① 吴瑛，黄天依．构建政治认同：作为媒介事件的重大国际会议角色研究［J］．新闻大学，2018（6）．

② The Silk Road Economic Belt and the 21st-Century Maritime Silk Road.

发表演讲，提出共同建设"21 世纪海上丝绸之路"。2016 年该倡议被正式称为"一带一路"倡议。

"一带一路"倡议不是中国要挑战现有的国际规则，中国政府希望通过"一带一路"倡议"加强区域互联互通，迎接更光明的未来"。

> "一带一路"建设秉持的是共商、共建、共享原则，不是封闭的，而是开放包容的；不是中国一家的独奏，而是沿线国家的合唱。"一带一路"建设不是要替代现有地区合作机制和倡议，而是要在已有基础上，推动沿线国家实现发展战略相互对接、优势互补。①

"一带一路"倡议是推动中国在全球事务中发挥作用的重要举措，中国希望通过这些举措提升设置国际议程的能力，增强国际影响力和话语权。

三、CGTN"一带一路"报道综述

笔者在 CGTN 官方网站（cgtn.com）视频数据库进行搜索，时间跨度为 2016 年 12 月 31 日（CGTN 成立）到 2019 年 1 月 14 日，以"一带一路"（Belt and Road）为关键词，并对报道进行"相关性"（reference）排序。笔者采用 Gooseeker（即搜客）软件进行数据爬虫抓取（抓取报道标题、时间、视频的文字提要），共得到数据 1280 条。采用 wordle 软件进行可视化分析，剔除无关数据和英文常用词（如冠词等），共得到 6012 个词，呈现的可视化词云图如图 6-1 所示。

词云图中"一带一路"（belt & road）、"倡议"（initiative）、"中国"（China）等词因为出现频次高而非常突出。此外"合作"（cooperation）、"丝绸"（silk）、"国家"（countries）、"国际的"（international）、"北京"（Beijing）、"论坛"（forum）、"主席"（President）、"贸易"（trade）、"发

---

① 习近平. 迈向命运共同体开创亚洲新未来［EB/OL］. 新华网，2015-03-28.

展"（development）也相对突出（词频如图 6-2 所示）。

图 6-1 "一带一路"报道词云图

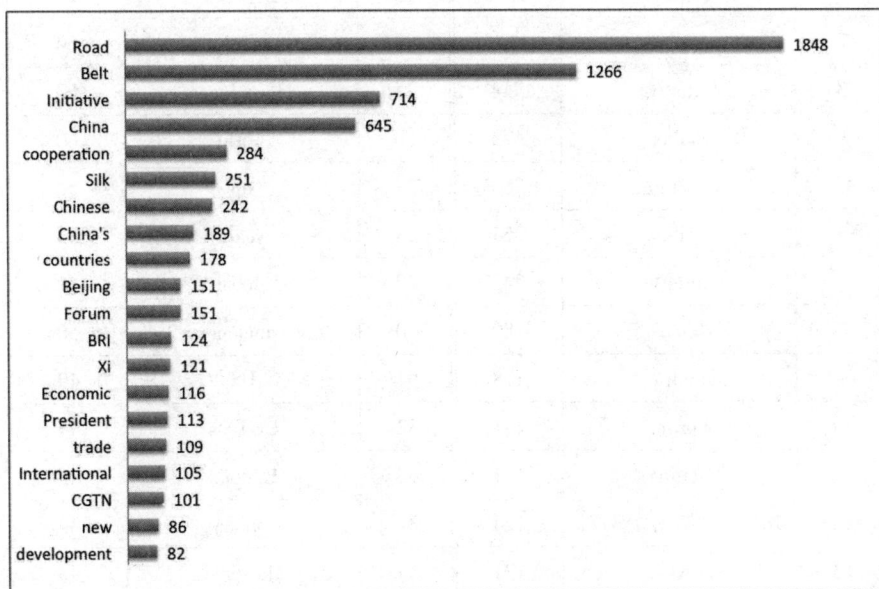

图 6-2 "一带一路"报道词频图

在词频图中，"Road"（路）出现了 1848 次，"Belt"（带）出现了 1266
次，"Initiative"（倡议）出现了 714 次，"China"（中国）出现了 645 次，
"Cooperation"（合作）出现了 284 次。

除了上文提到的 5 个高频词，Institute（机构）、Economic（经济的）、
CGTN（中国环球电视网）、new（新的）、President（主席）、trade（贸易）、
development（发展）、opinion（观点）、more（更多）、global（全球的）、
ancient（古老的）、US（美国）、projects（项目）、Africa（非洲）、
infrastructure（基础设施）、China-proposed（中国倡导）、country（国家）、
Maritime（海上）、people（人民）等词在报道中亦多次出现（见表6-1）。

表6-1 "一带一路"报道词频统计

编号	词汇	频数	编号	词汇	频数
1	Road	1848	23	Between	65
2	Belt	1266	24	first	64
3	Initiative	714	25	Jinping	63
4	China	645	26	world	60
5	Cooperation	284	27	up	56
6	Silk	251	28	years	54
7	Chinese	242	29	global	51
8	China's	189	30	ancient	50
9	countries	178	31	US	49
10	Forum	151	32	CGTN's	47
11	Beijing	151	33	Editor's	45
12	BRI（一带一路倡议）	124	34	country	43
13	Xi	121	35	Maritime	43
14	Economic	116	36	people	43
15	President	113	37	Minister	43
16	trade	109	38	Africa	42

编号	词汇	频数	编号	词汇	频数
17	International	105	39	infrastructure	42
18	CGTN	101	40	China-proposed	42
19	new	86	41	part	41
20	development	82	42	May	41
21	Opinion	75	43	projects	41
22	more	65	44	Institute	40

在报道量方面，从总体上看 2017 年与 2018 年的报道量相当，日平均报道量为 1.75 篇。2017 年 5 月 14 日—15 日"一带一路"国际高峰论坛在北京召开。2017 年 5 月是"一带一路"报道量最多的月份，共有 242 篇报道，显著高于同期水平。2018 年对"一带一路"的报道热度不减，特别是后半年的报道量高于 2017 年，报道量较多的月份是 8 月、9 月，分别为 90 篇和 102 篇。2017 年和 2018 年全年报道量见图 6-3。

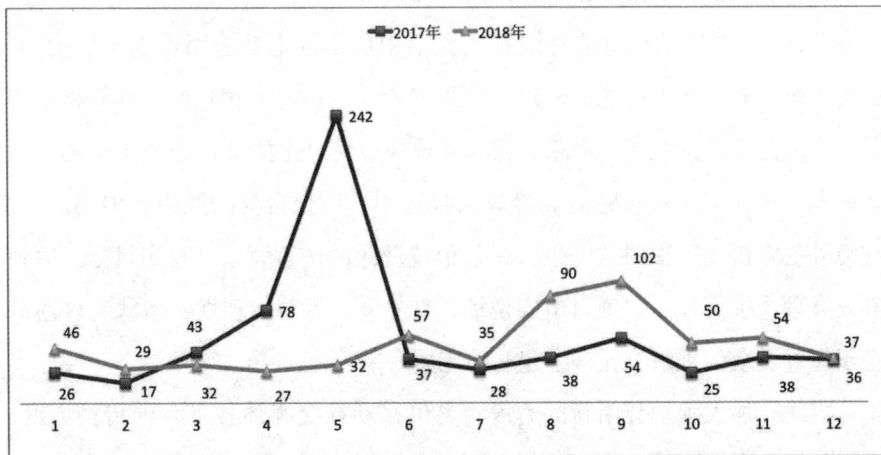

图 6-3　"一带一路"报道量示意图

四、CGTN "一带一路" 报道评析

具体而言，"一带一路" 的报道有不少值得肯定之处。

首先，从技术表现上更加新颖专业，电视画面的专业性程度逐步提升。例如，央视英语新闻频道曾推出系列纪录片《一带一路》，每集 55 分钟，由于播放时间在 2016 年 11 月，即 CGTN 成立之前，故本研究不详细论述。

又如 CGTN 在 2017 年元旦期间推出的短片《"一带一路"倡议为你做了什么？》，回顾了 "一带一路" 倡议提出三年来所取得的成就。视频制作精良，用背景音乐加字幕的方式呈现。短片中综合运用了地图、图示等，可视化地展现了中国与沿线国家的关系与成果。短片画面精美，用大全景镜头展现 "一带一路" 沿线壮丽的风光，用中景和特写镜头展现人民的笑容和生活场景，并用具体的数字展现取得的成就，值得肯定。

再比如，《数说 "一带一路"》的报道应用大数据技术，增强可视化表现，展现中国与 "一带一路" 沿线国家在经济、贸易合作等方面取得的成果以及在构建国际经贸合作格局起到的关键作用。

其次，CGTN 重视邀请外国友人介绍中国，特别是善用长期旅居中国、研究中国、对中国有好感的外国专家和记者，以跨越文化障碍，其叙事更容易符合海外受众的视角与需求，被海外观众接受。比如《走进中国》的主持人库恩，他在 "一带一路" 高峰论坛报道中，结合自身的经历和中国国情，向海外受众讲述了中国 "一带一路" 倡议理念的产生背景、真实目标、原则和发展理念等。片子 "通过事实说话，其生动、客观、理性、幽默的讲述有益于海外受众的理解，获得了较好的传播效果"[1]。

再次，加大了融合创新的力度，突出移动社交媒体各平台的传播力度，重视新媒体与电视端的深度互动与融合，主动利用国际重要平台进行推介。

---

[1] 毕建录. 对外传播中如何讲好 "一带一路" 故事——以 CGTN "一带一路" 国际合作高峰论坛报道为例 [J]. 青年记者，2017 (19)：60-61.

比如，CGTN 利用社交媒体平台传播介绍"一带一路"倡议的微视频，并进行多场移动直播，提升了用户的参与度和互动性。再比如，在达沃斯世界经济论坛设置"一带一路"倡议会谈专场，活动由 CGTN 的主播田薇担任主持人，在传播"一带一路"倡议的同时也提升了 CGTN 的品牌知名度。

不足之处在于阐述方式上以宏观为主，在谈及"一带一路"倡议作用时，节目介绍道："它不仅为不同国家和地区之间的贸易建立了更好的联系，也为文化联系和人员流动建立了更好的联系。它为许多国家创造了数千个就业机会，增加了贸易和税收收入。"这样的高语境的叙述方式诚然可以给人带来整体的全局印象，但缺点是叙述较为笼统，给观众的印象不深刻。

上文中提到，CGTN 重视外籍人士的参与，这一点是值得肯定的。但是在谈话节目中，观点呈现往往显得蜻蜓点水，能提供深度观点解读的节目凤毛麟角。例如《Room With a View"一带一路"》特别节目中，节目设计主持人和嘉宾围着桌子而坐，营造平等的气氛，淡化领导者角色。该期两名嘉宾为中国人，另一名嘉宾为外籍人士 Omar Khan，他同时兼任 CGTN 的新闻编辑（News Editor），节目设计的初衷是展开深入交流和对话，汇集各方观点。但整个节目节奏平淡，探讨内容过于宏观，且多浅尝辄止。节目的开头主持人请嘉宾分别用 20 个词描述"一带一路"，信息量少，故事性弱。相对于母语是英语的观众，中国嘉宾的国际化表达水平有限，口音明显，节目字幕没有很好地跟进，导致海外观众可能存在理解障碍。并且，外国嘉宾屡次被主持人打断，缺乏自由发言的讨论感，更像是嘉宾依次依照流程发表意见，观赏性受到影响。

又如《来自"一带一路"的声音》特别节目，邀请来自"一带一路"沿线国家的年轻人讲述自己的国家、传统和文化并且分享他们在中国的生活和对"一带一路"的看法。由于节目录制的室内场地在央视新址办公大楼，环境空旷，录音音效显得不太自然。

节目以轻松的谈话方式进行，时长为 40~60 分钟。来自乌兹别克斯坦的

Oyka 认为：" '一带一路'，不仅是两个国家的联系，更是整个世界的联系。中国不仅将与所有这些国家进行关联，沿线国家彼此之间也将相互沟通。"来自乌克兰的 Valeria 认为："对我而言，'一带一路'是一次文化交流的机会。生活方式不同，但其他方面也有相同之处。'一带一路'是一种交流、文化和体验。"来自新加坡的 John 认为："我们在文化、传统和民族方面可能有不同的需求和差异，但我们应该走到一起，因为可以建立持续传承的文化遗产。"节目的主持人也是外国人，嘉宾在语言表达上非常流畅自然，观众没有障碍。另外一期节目，为了活跃气氛，采用答题比赛的方式。但是节目的局限性在于将场景限于室内，少了外景丰富的元素。节目环节设置较为单一，题目都是关于"一带一路"知识事实型的问答，虽然添加了现场嘉宾的民族歌舞表演，但整个流程趣味性和吸引力有待增强。

CGTN 在"一带一路"的报道和传播中，节目类型多元，也希望打出"可爱牌"，通过儿童歌谣 MV 的形式进行传播，邀请来自世界各地的小朋友进行演绎，以减少跨文化传播的障碍。

节目利用说唱音乐的形式，希望取得良好的效果。歌词也经过专门设计，发音上易于演唱，歌词文本所表达的内容如下："'一带一路'连接着陆地和海洋，秉持的承诺是共同繁荣。我们正在打破障碍，我们正在创造历史。我们梦想的世界始于你我。未来即将到来，'一带一路'是怎样的。我们现在分享美好，'一带一路'就是如此。"①节目包装专业，歌词朗朗上口，小朋友的表演也很可爱，但遗憾的是，缺少易于传播的"爆点"，歌词过于宏大，节奏趋于平淡，缺乏故事性。

"一带一路"报道反映出 CGTN 在议程设置型报道业务水平上仍存在较大提升空间，国际议程设置能力有待增强。CGTN 报道专业性的问题有以下

---

① 英文版歌词为 "The belt connects the land, the road moves on the sea. The promise that they hold, is joint prosperity. We're breaking barriers, we're making history. The world we're dreaming of starts with you and me. The future's coming now, the Belt and Road is how. We'll share the goodness now, the Belt and Road is how."

方面：节目提供浅层次的、事实型信息较多，深度解读的观点较少；宏大叙事较多，细节故事较少；外国面孔较多，外国人士深度参与的节目较少；报道总量较多，易于传播和有影响力的作品较少。

五、议程设置型事件的报道策略

（一）策划重大新闻事件的报道，吸引用户

对于全球新闻媒体品牌而言，在全球重大新闻事件传播中建构和传播良好的媒体形象，提升品牌知名度，往往会取得不错的效果。重大新闻事件大致可以分为突发性新闻事件和可以预见并策划的新闻事件，这里主要倾向于后者。

历史悠久的 BBC 通过策划和直播具有重大历史意义和仪式感的"媒介事件"提升全球知名度。1953 年英国女王伊丽莎白二世的加冕典礼和 1981 年查尔斯王子和戴安娜王妃的婚礼直播，创造了全球共同关注的电视媒介事件。

CNN 和半岛电视台奠定全球媒体知名度则是依托全球重大突发事件的报道。世界上第一个全天候播出新闻的 CNN 成立于 1980 年，但真正奠定其全球媒体品牌地位的是 1991 年它对海湾战争的连续报道。此外，2001 年的"9·11"事件（September 11 attacks）发生后，CNN 也持续对纽约世界贸易中心的恐怖袭击进行直播和跟进。

半岛电视台的崛起也是依托重大突发事件，中东不稳定的局势成就了半岛电视台。1998 年，半岛电视台的记者在巴格达 24 小时直播海湾战争的沙漠之狐行动（Operation Desert Fox），战争画面吸引了大批阿拉伯观众并推动了整个地区的反美抗议活动。2001 年和 2003 年半岛电视台因为对阿富汗战争和伊拉克战争的持续报道而引发世界关注，被称作"中东的CNN"。

RT 则非常善于策划具有轰动效应的大型新闻事件，制造噱头，吸引眼球，充分利用新闻事件的轰动效应提升知名度和扩大传播效果。2005 年 12 月 10 日，RT 电视台全面开播。2012 年 12 月 12 日早上 7 点左右，因技术原因转播信号中断，次日修复设备后恢复播出。对此俄罗斯国内有说法称，中断转播是 RT 自行炒作的策略，以形成话题效应，让更多的人知道 RT 电视台的开播。2007 年 8 月，RT 报道俄罗斯科考人员潜入北极水底并插上俄罗斯国旗，宣示俄罗斯的主权，引发欧美媒体争议和批评，RT 充分利用新闻策划实现了造势。此外，2013 年 2 月，RT 团队拍摄的俄罗斯上空西伯利亚流星爆炸的镜头成为同一时期 YouTube 上观看次数最多的视频。在政治观点上，RT 经常和美国政府唱反调，常常是观点先行，但也因此赢得了特定用户群体的关注。

CGTN 重视新闻策划，希望通过对重大活动的报道设置国际议程，如"一带一路"报道和"金砖峰会"报道等。CGTN 通过成片、访谈等多种形式，聚焦发生在中国和"一带一路"沿线国家政治、经济、生活中的新趋势、新变化，向世界介绍中国经验，深度探讨如何继续共辟共赢之路，形成持续发展的态势。在"金砖峰会"的报道策划中，CGTN 注意到在西方媒体的报道中，金砖国家往往以负面新闻居多的形象出现：巴西贫民窟的毒品和暴力、南非居高不下的犯罪率、印度糟糕的基础设施、俄罗斯对内"专制"对外威胁等，这些内容成为影响人们认知的"刻板"标签。CGTN 希望通过全面深入介绍金砖合作机制十年来的经济发展及对全球经济增长的贡献，解读金砖国家合作机制的优势、挑战及发展前景。通过新闻策划，向世界全面展示和呈现"不一样"的金砖国家，让"金砖五国"讲述自己的故事，向世界表明金砖国家的共同价值理念。CGTN 通过多组系列峰会报道较为平衡地呈现金砖国家社会经济发展的情况以及面临的新机遇和新挑战。在 2017 年"金砖峰会"期间，CGTN 邀请今日俄罗斯电视台、印度新德里电视台、南非广播公司、巴西电视台的名嘴和近 70 位来自金砖国家的专家、学者、商界领袖就热点话题展开多边对话。节目成品不仅在 CGTN 播出，还在其他四家电视台及社交平台播出，扩大了传播效果。

但是，CGTN 在国际议程设置的效果方面还是有待提升的。如上述选题与"一带一路"沿线国家和"金砖国家"的用户更具有相关性（relevance），他们更有机会接触到报道和信息，但在全球范围内，和其他国家的关联性不强。此外，大型新闻活动的策划往往为正面报道，在事件上不具有"反常规性"，缺少引发全球普遍关注的热议话题。

（二）遵循新闻传播规律，突出专业化

在专题性节目的策划和制作过程中按新闻传播规律办事，选择具有普遍意义、易于跨文化传播的选题。如亲情、友情、爱情等朴素的情感是人类永恒的主题，更容易引起观众的情感共鸣。

叙事的故事化也是常用的表达方式。报道要吸引人，记者必须善于寻找事件本身所蕴含的情感因素和戏剧性情节，突出细节，巧妙设置悬念，展现矛盾冲突，做到有人物、有情节、有细节、有冲突。

CGTN 的影像化表达要符合新闻传播规律，对诸多表现元素要有综合的总体性把握。在国际新闻报道中，要力求用画面呈现新闻现场，依托解说与画面共同叙事，强化视觉思维，善于用影像语言叙事，呈现丰富的信息手段。在新闻报道尤其是突发性新闻事件中多用同期声，增强真实感和表现力。依据需要运用纪实、采访、解说、画面、字幕、音乐、双（多）视窗等多种表现手段，增强新闻的真实感、现场感和表现力。区分电视平台和社交媒体平台的区别，有针对性地进行策划和报道。

报道视角要尽量平民化，选题报道的主人公不必是大人物，可以是平凡生活中的普通人，通过他们的生活展现中国的风土人情。在影像表现中多用同期声，增加现场感，解说词应平实、接地气，多用生活语言，少用官话、空话、套话，句子简短、语言简练等。

（三）具有"翻译"意识，降低理解难度

国际新闻报道应当降低传播信息的理解难度，或者通过有针对性的解释和"翻译"帮助国外受众理解。这里的"翻译"除了指将一种语言转化为受众可以理解的另一种语言外，还指具有跨文化传播的"翻译意识"，即针对特定的报道提供必要的解释说明。"翻译"不应当只是国内报道的外语翻译，而是应选择受众感兴趣的话题，有"翻译意识"，补充必要的跨文化背景信息，实现国内新闻报道的原始信息（message）与国外目标受众认知习惯和文化背景的对接，包括用受众熟悉的表达方式展现另一国度的国际背景、文化习俗、风土人情等。通过这一过程，传媒机构希望传播的信息在国际传播中实现跨文化的重新编码，外国普通民众凭借自身已有的知识和理解能力也能够正确地加工和解码信息（information），使受众对信息解读的方式和过程符合编码者所设定的预期。"本土化"（localization）策略的使用可降低目标受众加工信息的难度，应当尽量用当地人的思维方式和语言习惯来进行编码。反之，如果在国际新闻报道中没有充分考虑海外受众的接受能力，将会产生受众在信息加工中的误读和偏差，即编码者预期与接收者对信息的理解有一定出入，这样就难以实现良好的传播效果。

第二节　突发性新闻事件报道①

一、突发性新闻事件

突发性新闻事件是指在不可预知的情况下突然发生的新闻事件。突发性新闻事件往往出乎人们的预料，不为人所控制，难以做到提前策划。在国际传播中的突发性新闻事件报道难度较大，具有特殊性。突发性新闻事件有以下特点。

首先，由于其偶发性，事件发生的具体地点、实际形式、规模和影响程

---

① CGTN 评价调研组对 2017 上半年 CGTN 突发报道的监测报告。

度难以在事前进行全面预测，给报道人员到达现场、开展报道等带来困难。

其次，突发性新闻事件社会关注度高，尤其是全球性重大突发事件，比如"9·11"事件、"马航失联"事件等。没有任何预兆的重大突发事件往往会给全球民众带来不小的震动和影响，从而引起国际社会的高度关注。挖掘独家报道、提供扭转事件局势的权威核心信息的能力，成为全球性媒体在国际新闻竞争中的杀手锏。

最后，其影响具有广泛性。尤其是随着全球化的不断深入，许多突发事件引发的效应已经超出了某一地区，对整个世界格局产生影响。比如，"9·11"事件之后恐怖主义成为全球共同面临的挑战；再比如，特朗普和金正恩的会见，将对朝鲜半岛、亚太地区乃至整个国际关系和国际局势都带来影响。

二、CGTN 与四家全球性媒体报道的比较

（一）报道的总体情况

本节将通过 CGTN 与另外四家全球性媒体的比较，实证分析它们在突发性新闻事件报道中的表现。分析的时间周期是 2017 年 1 月 1 日—2017 年 6 月 30 日，研究样本来自 CGTN 评价调研组所监测媒体的每日播放节目（电视端），比较研究的媒体分别为 CGTN、BBC、CNN 、RT、半岛电视台。突发性新闻报道一般会在报道中提示正在播报最新消息（Breaking News）。在样本周期内，CGTN 共报道突发性新闻事件 155 个，在报道总数中排名第二位。在报道数量上 BBC 排名第一，共报道了 174 件突发事件。CNN（130 件）、半岛电视台（106 件）、RT（64 件）分别位列第 3~5 位（见图 6-4）。

CGTN 与 BBC、CNN 都报道的突发性新闻事件共有 51 件，约占报道总数的 13%。CGTN 与半岛电视台都报道的突发性新闻事件共 63 件，CGTN 与 RT 都报道的突发性新闻事件共 44 件，可见，不同新闻媒体对突发新闻也有不同的选择。在突发性新闻事件的报道中，BBC 的报道中 30% 的新闻关注本

突发性新闻事件报道数量

坐标轴标题	CGTN	CNN	BBC News	RT	Al Jazeera
■ 报道数量	155	130	174	64	106

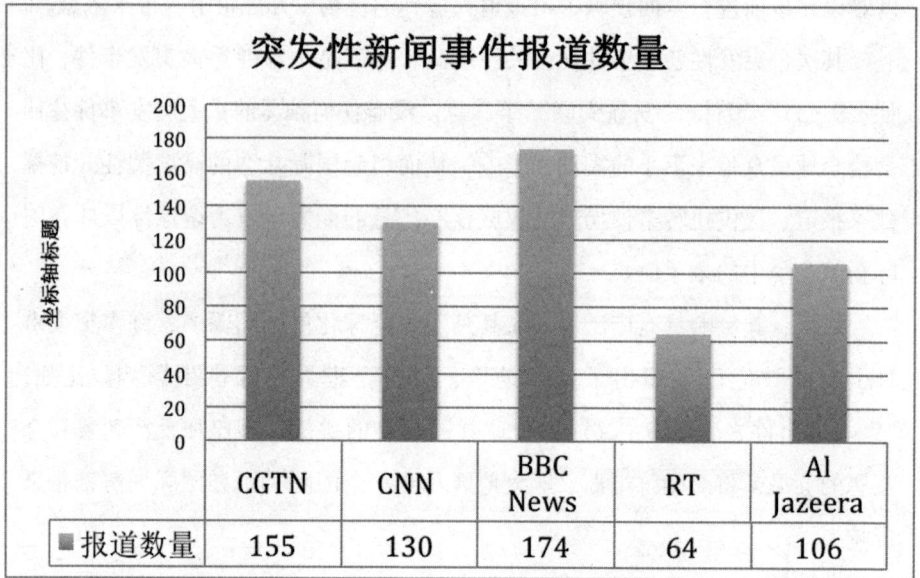

图 6-4　CGTN 突发性新闻事件的报道数量对比

国、本地域新闻，70%的新闻关注其他地区事件；半岛电视台和 BBC 的报道比例相当，30.1%的报道关注本国、本地域新闻，69.9%的报道关注其他地区事件；美国是国际新闻的多发国家，关注美国新闻的比例较高，CNN 报道中 40%关注本国、本地域新闻，60%关注其他地区事件；CGTN 和 CNN 的报道比例相当，39.3%的报道关注本国、本地域新闻，60.7%的报道关注其他地区事件。

（二）报道内容的比较

在突发性新闻报道内容方面，大致分为突发性灾难报道、重大时政新闻、文体新闻、经济新闻、传媒行业动态等几类。各媒体报道内容比较如表 6-2 所示。

表6-2　突发性新闻报道内容比较

媒体	突发性灾难	重大时政新闻	文体新闻	经济新闻	传媒行业动态
CGTN	63.9%	35.5%	0.6%	0%	0%
CNN	50%	47.5%	0%	1%	1.5%
BBC News	49.4%	45.2%	2.2%	2.2%	1%
RT	71.9%	28.10%	0%	0%	0%
Al Jazeera	64.1%	36%	0%	0%	0%

RT 的突发性灾难报道占比最高（71.9%），重大时政新闻占比 28.10%，CGTN 和半岛电视台的报道内容比例相当，突发性灾难报道占比分别为 63.9% 和 64.1%，重大时政新闻占比分别为 35.5% 和 36%。CNN 的重大时政新闻报道比例最高，为 47.5%，突发性灾难报道占比 50%，经济新闻和传媒行业动态各占 1% 和 1.5%。BBC 的报道类型比较多元，突发性灾难报道占 49.4%，重大时政新闻占 45.2%，文体新闻和经济新闻都占 2.2%（尤其关注体育类新闻），传媒行业动态占 1%。由上述分析可知，作为老牌全球性媒体，BBC 和 CNN 对突发性新闻事件的报道网络较为成熟，重大时政新闻的比例较高，消息来源丰富。

（三）报道时效性的分析

CGTN 在突发性新闻报道的时效性方面虽然有上升趋势，但是整体和上述其他四家全球性媒体相比，差距仍然明显。在研究周期内，CGTN、BBC、CNN 都报道的 51 个突发性事件中，CGTN 率先报道的新闻共 6 条（见表6-3），约占 11%，且多为涉华报道和亚洲突发性新闻，总体并不占优势。

表 6-3 CGTN 突发性新闻率先报道的事件①

时间	事件	领先 BBC	领先 CNN
2 月 10 日	特朗普：美坚持奉行一个中国原则	3 分钟	4 分钟
3 月 12 日	朴槿惠将搬离青瓦台	1 小时 38 分钟	1 小时 38 分钟
3 月 26 日	林郑月娥当选为香港特首	36 分钟	1 小时 28 分钟
3 月 30 日	法院决定批捕朴槿惠	40 分钟	1 小时 24 分钟
6 月 13 日	朝鲜释放扣押的美国大学生	4 分钟	0 分钟（同步）
6 月 15 日	中国幼儿园发生爆炸	1 小时 43 分钟	1 小时 20 分钟

CGTN 与 RT 都报道的 44 个突发性新闻事件中，有 25 个（57%）落后于 RT；与半岛电视台均报道的 63 个事件中，有 48 个（76%）落后于半岛。表 6-4 列举了 10 个 CGTN 落后的报道的新闻事件，与其他媒体的最大时间差达 3 小时以上。RT 主要聚焦欧洲、美国的突发性新闻，对亚洲关注较少。

综合以上数据，CGTN 在突发性新闻报道中并不具备首发优势，且相对落后于同类全球性新闻媒体。值得注意的是，CGTN 在涉华报道和亚洲突发性新闻报道中表现较好，可以进一步优化。由于地缘政治等原因，非洲并不是全球重大突发新闻的富矿区域，因此，CGTN 在非洲的报道优势难以在突发性新闻报道中彰显。欧美地区往往是全球重大突发事件的富矿区域，BBC 和 CNN 拥有历史、地理、文化优势，如何提升非优势地区的突发新闻报道首发能力是 CGTN 面临的问题。

① CGTN 评价调研组对 2017 上半年 CGTN 突发报道的监测报告。

表 6-4　CGTN 落后报道的突发性新闻事件①

时间	事件	与他媒报道的最大时间差
1月2日	ISIL 宣称对土耳其夜总会新年恐袭负责	50 分钟
1月8日	耶路撒冷卡车袭击	7 分钟
2月21日	俄常驻联合国代表丘尔金猝死纽约	1 小时 49 分钟
3月22日	英国议会大厦遭恐怖袭击事件	21 分钟
4月19日	英议会同意提前大选	3 小时 8 分钟
5月8日	马克龙当选法国总统	1 小时
5月17日	阿富汗电视台遇袭	4 小时
5月23日	英国曼彻斯特一体育场发生爆炸	13 分钟
6月4日	英国伦敦桥恐怖袭击事件	1 小时 27 分钟
6月14日	美国共和党党鞭（whip，领袖人物）枪击案	52 分钟

　　突发新闻"首发率"低的主要原因是 CGTN 应急处置能力有限，北京总部、北美分台、非洲分台之间缺乏配合且专业性水平存在差异，固守常规编排。由于栏目时段限制，没有设置中途插播突发新闻的机制。CGTN 错过首发的新闻多发生于北京时间的凌晨，这个时间段由非洲分台进行轮盘播报，由于非洲分台较少关注非洲以外的新闻以及专业水平等原因，未及时抢发的新闻事件占比约 59%。

　　2017 年 2 月 21 日，BBC、CNN、半岛电视台、RT 均于北京时间凌晨一点档（01：00）播出突发新闻报道"俄罗斯常驻联合国代表丘尔金猝死纽约"，CGTN 在非洲分台进行轮盘播报期间，01：00、02：00 两档均未关注，直到 03：00 档换为北美分台时段才播发此新闻，大大降低

---

① CGTN 评价调研组对 2017 上半年 CGTN 突发报道的监测报告。

了新闻时效性。再如 2017 年 5 月 8 日，BBC、CNN、RT、半岛电视台均于北京时间凌晨两点时段（02：00）进行突发报道，宣布"马克龙当选法国总统"，上述四家媒体均于北京时间 02：11~02：14 直播勒庞"败选演说"。但是 CGTN 在此时段固守常规编排，非洲分台的新闻轮盘时段播出录制栏目《旅游指南》《对话非洲》，直至 03：00 才报道"马克龙当选"，错过了首发时间。因此，此前虽大力预热也功亏一篑。①

（四）报道的屏幕呈现

CGTN 突发性新闻报道的屏幕呈现水平有待提升，CGTN 突发性报道首播多由主持人"口播"介绍，信息可视化呈现效果一般，采用地图辅助说明的情况仅为 15.5%，观众对地理信息的把握印象模糊，缺少明确标识。核心信息不够突出，突发性新闻报道的包装较为简单平淡，设计的"受众友好"（audience friendly）性有待增强。

目前，CGTN 突发性新闻报道的包装包括"突发片头""突发字幕"，以及从字幕上对出镜记者、嘉宾及新闻人物做"标红"处理，以醒目地提示，并且专业性和标准化的包装也在不断完善中。由于突发性新闻事件的时效性，新闻工作者往往第一时间发播新闻，对新闻包装的关注上显得精力不足。突发标题未凸显关键信息、包装略平淡等问题屡屡出现，突发新闻的标题缺乏核心信息，即简单提示某某新闻事件发生，但鲜少从冗杂的信息中提取出核心信息并加以突出和提亮，展示给观众。成熟的处理方式不仅能凸显核心信息，还会提炼内容要点，传播更丰富的信息。

（五）报道的新闻专业性表现

首先，CGTN 的记者调动和现场抵达能力尚需提高。发生突发事件时，前方记者第一时间进入现场是衡量媒体报道能力的一项指标。CGTN 在突发性新闻首次报道中，记者连线率仅为 17.4%，而同期半岛电视台为 47.2%，

---

① CGTN 评价调研组对 2017 上半年 CGTN 突发报道的监测报告。

CNN 为 44.6%，BBC 和 RT 分别为 27% 和 26.6%。

其次，记者的报道能力还有待增强。遇到突发性新闻报道时，即使CGTV 派出记者抵达现场，其发掘现场新闻的能力也有提高的空间。如 2017年 1 月 8 日报道"耶路撒冷卡车冲撞人群"时，CGTN 驻以色列外籍记者虽在首次突发事件报道时进行了电话连线，但后期仅限于在当地演播室或普通街头进行报道，没有进一步深入挖掘现场新闻。相较之下，半岛电视台记者在连线时，还原现场的能力更强，直播描述当地相关领导人视察慰问的情况，使报道更有现场感和独家性。

再次，对新闻事实背后的解释能力有较大的提升空间，第一时间对新闻事实进行独家观点解读的能力有待开发。深入系统地剖析新闻事实背后的国际关系和政治、经济、社会局势，是形成媒体品牌的关键。在上述五家媒体中，CNN 第一时间解读突发性新闻的能力最强，报道占比24.6%，BBC 和 RT 的数据分别为 12.1% 和 14.1%。CGTN 第一时间解读的报道占 3.9%，虽略高于半岛电视台（3.8%），但与另外三家相比，仍有较大的差距。

全球公民（cosmopolites）和全球意识（cosmopoliteness）是跨文化传播概念建构的新起点。在全媒体（omnimedia）平台，用户成为参与生产的消费者（audience prosumer）。全球性新闻媒体应当具有全球视野，在重大新闻事件的报道和国际舆论场中获得首发权、话语权和阐释权。

本节研究的不足之处有两点：其一，研究的时间周期为 2017 年 1-6 月，距离目前有一定时间差，CGTN 表现的各项数据可能有所提高。但是由于统计的复杂性，难以在短期内再对最新的数据进行标准化的实证分析。其二，由于实证研究的统一性和标准化，相关案例难以进行展开性"深描"，后文的相关案例分析，将与实证分析形成呼应和补充。

三、突发事件新闻报道的提升方案

（一）挖掘独家的新闻现场报道

CGTN 的记者调动和现场抵达能力尚需提高。发生突发事件，前方记者第一时间进入现场是衡量媒体报道能力的一项指标。

在人员和机构布局方面，亚洲仍然是 CGTN 独家报道的突破口，应当进一步提升地缘优势，延伸记者的新闻触角，在亚洲新闻特别是涉华报道方面打出 CGTN 的品牌，提升抵达新闻现场的能力和发掘新闻的能力。加强记者调度的能力，发挥编辑部提供后方指导、信息支持的中心作用，让报道员不仅覆盖重要城市，更覆盖重要事件的重要现场。

CGTN 应当提升大编辑部意识，协调总部与分台的关系、栏目与频道的关系，调动和整合全球资源优势，制定突发新闻报道规范。CGTN 可借鉴BBC、CNN、半岛电视台的做法，采用灵活的节目编排，创造抢发突发性新闻的机会。BBC 的新闻时段采用"动态+简讯+财经+体育/动态"的多段式编排，灵活"组装"播出窗口，便于播报突发新闻。CNN 虽经常播出时长较长的纪录片、深度访谈栏目，但通常会在这类节目的开头和每半小时播出2~3分钟的实时动态，便于用户及时更新信息或播放突发新闻。半岛电视台不仅在非滚动新闻时段开头、每半小时播出简短的"新闻动态"，还会在半小时的滚动新闻后再次播报简讯，确保不遗漏最新信息。①

（二）重视独家权威观点解读

虽然已经提升了评论类节目的比重，CGTN 在重大新闻事件的独家权威观点解读方面能力仍有提升空间，第一时间解释新闻事件的能力不足。在突发性新闻事件发生后，以最快的速度呈现权威性的观点解读，可以满足受众对国际新闻事件本质的判断和信息需求，并且在心理学上具有首因优势，可以加强对受众影响。而 CGTN 对国际新闻的预判能力仍待加强，前期策划阶

---

① CGTN 评价调研组对 2017 上半年 CGTN 突发报道的监测报告。

段未能充分厘清事件背景并做深度关联。其次，要着力优化评论员队伍。目前，CGTN 已经与察哈尔学会、全球化智库建立合作关系，全球常用嘉宾超过 200 人，但是能够第一时间发表观点且英文表达流畅、熟知中国政治立场、观点深入独到的评论嘉宾仍然凤毛麟角。未来，除需加强预判和资源的关联整合外，还应完善评论员机制，做好重大新闻事件的权威深度解读。

在观点类节目的表达方面，优秀的访谈类节目需要主持人和嘉宾用流利地道的语言讨论、辩论甚至争论，这样的节目对观众而言才可能更有吸引力，在节奏上也更有张力。主持人和嘉宾用已经准备好的稿子生硬问答，则难以吸引观众。观点应当在轻松讨论中自然表达，而不是在严肃说教中生硬地输出意识形态和观念。节目可以结合时事热点与嘉宾进行互动讨论，减少简单事实性信息的反复出现，注重信息增量和观点深度。

（三）提升国际新闻话语权

拥有国际新闻话语权包括两个层面的内容：其一，新闻媒体在国际上具有发声的权力；其二，在传播效果方面，传播的观点被国际社会广泛传播和认同。CGTN 应当提升国际新闻话语权，主动设置国际议程。比如，2017 年刚刚就任的美国总统特朗普发布了限制伊拉克、叙利亚等 7 国的民众进入美国的一系列规定。国外的媒体只是报道了这一事件的新闻事实，CGTN 将其定义为"禁穆令（Muslim Ban）"，表明了特朗普政策针对的是穆斯林群体，BBC 和 CNN 也采用了这一说法。重视新闻事件的定义和独家解读有助于提高媒体的国际新闻话语权。

CGTN 致力于提升世界影响力，尤其是在欧美等西方国家的影响力。节目的思维方式应当更加符合西方受众的认知，尝试采用外籍报道员全程参与的体验式采访，给海外受众带来亲切感的同时也有利于观点传播。嘉宾和主持人应当熟悉欧美的文化传统，隐喻词汇、典故传说、流行元素等。在基于科学性的全球受众调查和科学研究的基础上，CGTN 应当从传播效果层面制定符合受众认知能力和水平的涉华报道比例，推出西方受众感兴趣的话题策划和新闻报道。

总之，国际新闻报道水平的专业化，需要专业化的国际传播和新闻报道理念，遵循国际新闻传播规律。面对瞬息万变的全球新闻报道环境，要提升国际传播能力，提高首发率，要第一时间发布权威信息，力争呈现全球重大新闻事件的独家报道，提供能扭转国际重大事件走向的关键报道，重视独家权威观点的解读，提升国际新闻话语权。

第三节　中美女主播越洋对话的探讨

一、中美女主播"约辩"的背景

北京时间 2019 年 5 月 30 日早上 8 时许（美国东部时间 29 日晚 8 时许），CGTN 女主播刘欣应约与美国福克斯商业频道（FOX Business Network，FBN）的女主播翠西·里根（Trish Regan）就中美贸易等话题展开越洋对话，这一活动也被网友称为"中美女主播约辩"。刘欣在位于北京总部的 CGTN 主演播室与美国连线，作为嘉宾参加翠西的《黄金时间》（*Trish Regan Primetime*）节目。

44 岁的刘欣为 CGTN《欣视点》节目主持人，曾先后任职央视英语国际频道主持人、央视驻日内瓦记者等。除中文和英语外，她还能使用法语、德语、土耳其语交谈。46 岁的翠西则是 FOX 商业频道的主持人及撰稿人，曾任职于哥伦比亚广播公司（CBS）、美国财经新闻网站 CNBC 及彭博社。FOX 商业频道（FBN）是一个财经新闻频道，归属于福克斯家族，可在影响华尔街的诸多平台上提供实时信息。FBN 的总部位于全球商业之都纽约，成立于 2007 年 10 月，是美国颇具影响力的商业电视网络频道，该频道拥有超过 8000 万个家庭的订阅用户，在芝加哥、洛杉矶、华盛顿和伦敦均设有办事处。

翠西在 FOX 商业频道美国时间 5 月 14 日晚播出的评论中，措辞强硬地称中美贸易战是美国必须用在中国身上的"武器"，并反复使用了"偷窃"（steal）一词，称美国每年因中国窃取知识产权的损失高达数千亿美元。据《人民日报》相关平台报道，刘欣在节目中指出翠西关于中美贸易争端的说法失当，称其言论充满情绪化和煽动性，且缺乏实质依据，引用数据存在漏洞，进而批评翠西贬损与恶意的态度。

　　　　刘欣表示，一段时间以来，美方用在中国身上的言辞都是"战争"（war）、"武器"（weapons）、"偷窃"（steal），甚至说中国"强奸"（rape）了美国经济。这不是适用于贸易伙伴的语言，而是用在敌人身上的羞辱（This is not the language of a trade 'partner' but the insults you might hurl at an enemy）。中方一直尽力保持克制，避免使用这种粗鲁的言语，但美方却变本加厉用经济手段作为武器对中国商品加征更高的关税。①

刘欣的节目视频发布后，翠西在节目中用 11 分钟"喊话"刘欣，又在其个人推特上与刘欣"约辩"。刘欣快速回应，同意展开诚实辩论（honest debate）。翠西在推特上的"约辩"言辞充满了"火药味"。她在推文中写道："嘿，中国官方电视台——让我们就贸易来一场诚实的辩论，你指责我'情绪化'，不清楚事实数据——错！你来定时间地点，我就在这里。"②

刘欣英文回应："我听见你的话了，马上会答复你。不过我不想玩扔泥

---

①　海峡网. 外交部回应中美女主播辩论说了什么？中美女主播辩论事件始末 [EB/OL]. 海峡网，2019-05-29.

②　翠西推持原文：Hey China State TV, let us have an HONEST debate on trade. You accuse me of being "emotional" and not knowing my facts-wrong! You name the time and place, and I'll be there!

巴互相辱骂的游戏（I don't want to play any mud throwing game），如果这是你的打算的话。我的名字不是中国国家电视台（my name is not China State TV），我叫刘欣，可以叫我欣。"

最终两人约定在美国东部时间 5 月 29 日晚 8 点，即北京时间早 8 点展开关于（中美）贸易的真诚辩论（honest debate on trade）。

两国主播的在线"约辩"引发各国网友和国内外媒体的关注，中国外交部也就此事专门回应。随后 CGTN 发表声明称由于版权原因 CGTN 无法对刘欣与 FOX 商业频道主播翠西关于"中美贸易"的对话进行直播。因为此次对话在 FOX 商业频道播出，刘欣仅以嘉宾身份参与节目，节目版权归属 FOX 电视台，经过与 FOX 商业频道沟通，最终未获得节目授权。CGTN 和《人民日报》客户端进行了实时文字报道。

二、跨文化传播视野下的越洋对话

越洋连线当天，翠西沿用其此前节目的意义生产模式：一开始就带有偏见地强调刘欣"有立场，代表中国共产党说话"，进而围绕"美国的知识产权遭到中国盗窃""中国应该降低关税"、中国现行的是"国家资本主义"等话题展开。① 刘欣一一应对，反应迅速，真诚沉稳，整体表现非常优秀，瑕不掩瑜。

在刘欣的画面切入前，翠西先跟观众强调，刘欣是中国共产党（Communist Party of China，CCP）的一分子，并提醒观众，刘欣有政治立场，代表 CCP 说话。即使刘欣来自 CCP，节目也欢迎不同的观点，在话术上将刘欣置于对立的位置，翠西挑眉和轻笑等肢体语言也反映了她的负面态度。她笑着说"我们来看中国共产党如何看待贸易这一问题"，把刘欣看作中国共产党的代言人，这样就建构出刘欣代表中国共产党的声音，是其"喉舌"的潜台

---

① 王亿本，蒋晓丽. 伴随文本框架下新闻文本的意义生产研究——以中美女主播"越洋对话"为例 [J]. 新闻界，2020（1）：46-51.

词。翠西说，为了提高透明度，自己只代表个人，作为福克斯商业频道的主持人说话。言外之意是刘欣或许没有那么开诚布公（might not be transparent），刘欣代表政党而翠西代表个人发言，这显然是不公平的，对CGTN 也存在偏见。

福克斯新闻的政治倾向性稳定且趋于保守，通常支持特朗普所属共和党的政治主张，反复塑造中国负面形象。长期观看福克斯的观众在媒介塑造的拟态环境中也形成了相应的价值观。翠西以特定的方式构建对话（frame the conversation in a particular way），使观众形成了预设观点，刘欣被不公平地对待。

刘欣开场说："谢谢你翠西，非常感谢邀请，这个机会对我来说非常难得，这是前所未有的。我做梦都没有想到我会有这样的机会与你对话，并与这么多美国普通家庭的民众交谈。"

有评论认为（Nathan Rich, 2019）刘欣在用中国人的思维方式和翠西对话，过于降低自己和恭维对方，在中国谦虚是美德，但福克斯新闻主要面向美国传播。美国观众会认为刘欣的表现很奇怪，猜想她可能不够重要，资历配不上这场对话。她应该马上切入，感谢邀请并直接进入主题。

翠西说中国和美国越洋对话卫星信号可能有延迟，会尽量避免抢话，但不停打断刘欣的澄清，非常没有礼貌。

刘欣对于自己身份的回应迅速而专业，是一个漂亮的回答。刘欣说自己并不是中共党员，这是有记录可查的，她只代表自己参加对话，自己是 CGTN 的新闻工作者。翠西反驳道："CGTN 也是为中国共产党服务的（CGTN is working for CCP）。"刘欣这里没有进一步解释，其实很多美国人搞不懂中国共产党员和中国共产党执政国家的公民有何不同，在他们看来是大同小异的，且 CCP 早已被福克斯新闻污名化，所以观众更容易形成对他们的负面印象。

接下来话题转入"贸易谈判"（trade negotiations），翠西问中美贸易谈判目前处于哪一阶段。刘欣说自己没有内部消息，如果美国政府尊重中国政府和谈判小组，双方有很大机会达成协议，否则双方将进入漫长的困难时期。翠西声称贸易战对任何人没有任何好处，言下之意是将贸易战的责任推给中国。

关于知识产权的话题（intellectual property rights），翠西问："如果美国企业的财产、创意和辛勤工作被窃取，他们如何在中国开展业务？"刘欣的回答很到位："你要问美国的企业，他们来中国与中国的企业合作有没有盈利。"刘欣试图以友好讨论的方式继续进行不平等的对话，她解释中国存在知识产权盗窃的问题，美国也如此，泛泛的声明是没有帮助的（this kind of blanket statement is really not helpful）。翠西偷换概念，指称刘欣的说法是承认中国存在知识产权盗窃。刘欣的观点其实是不能因为一些中国公司窃取知识产权，就把所有中国人描绘成小偷。

翠西说中国要求科技公司与政府和军方合作，但没有提美国也一直如此。翠西问："如果美国方面允许，华为是否可以出让核心技术，并以此作为进入美国市场的交换条件？"她认为"华为拥有美国所没有的顶尖科技，但必须共享出一直在努力的那些令人难以置信的先进技术（you must share all those incredible technological advances that you have been working on）"。华为拥有美国所没有的先进技术才是美国真正害怕的。

刘欣一直在正面回应，她举了自己从美国老师那里学习英文，自己向编辑学习如何做新闻的例子，本意想表达可以向国外学习，但是由于中西方文化不同，易被美国观众误解为刘欣还在学习做新闻，她不是一个成熟专业的新闻工作者（still learning not professional）。

翠西继续问中国何时决定放弃发展中国家身份，刘欣回答中国希望成长，并提到了一些中国为什么是发展中国家的指标，希望可以互利双赢，外国评论者感受到了刘欣真诚善良的品格。

翠西最后的问题是关于所谓的"国家资本主义（state capitalism）"，翠西认为中国现行的其实是由国家运行的资本主义制度。刘欣予以否认，她简要解释了具有中国特色的社会主义经济（socialism with Chinese characteristics），她的回应非常精彩，但或因外国观众理解上的难度而造成传播障碍。

三、越洋对话的评价与意义

（一）问答而非辩论

翠西由于有主场优势，多次打断谈话，盛气凌人。她作为主持人掌握了谈话的节奏和主导权，沿着设定的对立框架，采用并非善意的诱导方式提问，两人呈现出严重的地位不平等；刘欣作为嘉宾回答翠西的问题，相对被动。整个节目称不上观众原本期待的辩论（debate），甚至难以称作交流（communication）或对话（dialogue），称之为采访（interview）或问答更为恰当。

除了一些文化差异而造成的理解偏差（misunderstanding about cultures），刘欣的回答相当专业，不避讳敏感话题和争议话题，在英语非母语的不利情况下，能够快速反应，并做出正面、真诚的回应，非常难得。因此，有外国网友评价：看到一个真正试图沟通的人与另一个背地里鬼祟的人一起谈论问题真的很难过（It is really sad to see someone actually trying to talk about an issue with someone who is such a sneaky snake, N. Rich, 2019）。总体看，整场对话充满火药味，但并不是客观中立的（conversation not so impartial），对刘欣而言她被塑造为"谎言家"的形象是不公正的（unfair painting Liu as a liar）。

值得一提的是，2020年3月底翠西被美国福克斯商业频道解约。消息人士猜测解约或与翠西对疫情的过激评论而引发的争议有关。翠西曾在节目中指称：民主党将疫情的责任全推给特朗普总统，"这是再次企图弹劾总统"；民主党和"自由派媒体"试图利用疫情"摧毁"总统。

（二）颇具影响力的"媒介事件"

整个"约辩"过程经历了两位主持人在各自节目中隔空"喊话"，推特平台敲定时间和方式，社交媒体和主流媒体预热发酵，越洋"对话"的电视直播，网友后续讨论等阶段，引起国内和国际的关注。该事件有话题性、有热度、有噱头，引发国内和国际电视观众和网友的围观。

这是中国主流媒体的主持人首次在颇具知名度和影响力的美国主流媒体上发声，也是国际传播史上具有里程碑意义的"媒介事件"（media event）。"媒介事件"的概念由法国学者丹尼尔·戴扬、伊莱休·卡茨提出。他们当时处于电视蓬勃发展的电子媒介时期，根据他们解释，"媒介事件"是指"那些令国人乃至世人屏息驻足的电视直播的历史事件"。外国媒体报道称，这场辩论是电视史上的伟大奇观（spectacle），也是美国听到来自中国观点的机会①。

笔者认为，该事件的国内影响或大于国际影响。西方民众形成的刻板印象是长期的，短时间内也难以改变，很大程度上媒介塑造现实社会，影响了人们对现实世界的认知。以美国为例，美国媒体的政治倾向稳定且纷繁复杂，媒体背后代表着不同政党和阶层的利益。中国媒体可以更详细地了解美国不同的政治倾向性，选取政治立场与其有一致性的媒体进行常态化合作。中国应当团结一切可以团结的力量，展开交流与合作，摒弃中国与美国的对立话语。不宜把特朗普政府简单等同于美国和美国民众，可将不同政治立场的州政府和联邦政府区别对待，争取最广泛的支持。

（三）平台化和常态化

中国的主流媒体应该将与国际主流媒体的合作平台化和常态化，探索节目传播的新模式。总体而言，该事件中国的电视主播第一次在美国颇具影响力的电视网络平台发出了中国声音。

这是中国国际传播实践的新起点，也是帮助中国媒体走向世界的一

---

① 毕建录，梅焰. 对中美女主播跨洋对话的多视角解读 [J]. 新闻与写作，2019（7）：90-93.

步。另一方面，这场针对中国的辩论仍处于准备阶段，关于贸易战、中国香港的问题仍然无法解释。因此，我们认为，CGTN 和刘欣必须珍惜这场辩论带给他们的东西，并以专业的方式精心打磨品牌。这样，我们就可以将听众的"直觉偏好"转变为"专业信任"，从而有效地增强中国媒体的传播效果和影响力以及可信度。从长远来看，中国的国际交流应该抓住辩论的机会，并遵循"一带一路"倡议，这要求 CGTN 在动荡世界的新时代创造一个充分理性的媒体平台，并积极提供另类计划和"中国智慧"。最后，中国将摆脱宣传为"红色中国"的标签，并进入重新打造"全球中国"品牌的新阶段（史安斌等，2020）。[①]

第四节　"中国威胁论"的应对策略

本节将通过解释什么是"中国威胁论"、为什么有"中国威胁论"，来探讨媒体应当如何解构"中国威胁论"，探讨 CGTN 对外国媒体报道中国负面新闻的应对方案。

一、"中国威胁论"

"中国威胁论"是指国际社会由于中国的崛起而产生忧虑与质疑的论述。随着中国的迅速发展和世界格局的变化，一些世界经济体和周边国家担心中国的崛起对其利益和国际秩序造成挑战，认为这种威胁包括经济、军事、粮食、人口以至太空等领域。有论者指中国的政治体制是产生威胁论的主因。中国方面认为威胁论源于后冷战时代，西方国家企图以此来压制中国发展。

---

① SHI A., DAI R.. Mapping Discursive Communities and Branding "Global China" ［J］. French Journal For Media Research, 2020（13）.

"中国威胁论"主要质疑中国的发展威胁和阻碍其他国家和地区的发展，指责中国政治体制自由度问题、人权问题，质疑中国对非洲的援助具有"新殖民主义"倾向等，"锐实力"和胡佛研究所质疑中国的报告都是"中国威胁论"的表现。

中国在国际舆论中的难题是国际上处于不利地位，尤其是西方媒体对中国的妖魔化，在"中国威胁论"的视角下，中国被塑造成了"强者"形象，由此可见现实世界的强者不一定是舆论领域（媒体塑造）的强者，比如美国是世界第一大经济体，但是在国际舆论中鲜见"美国威胁论"。即"中国威胁论"的背后是国际权力关系的角力，是世界舆论场中强势力量对中国的选择性呈现。所谓"选择性呈现"指媒体围绕着同一个新闻事件的议程，通过有意选择报道事件的角度、内容，影响对象属性的显著性。① "二次传播"又称"多次传播"，是指针对不同受众群体，对现有新闻资源进行再次加工并传播的过程。因为媒介的"再现"无法彻底地反映真实世界，是经过一系列选择的结果，因此在二次传播中，选择性呈现过程决定了真实的哪些方面需要强调，哪些方面可以被忽略。②

社会学家盖伊·塔奇曼（Gay Tuchman）在《做新闻》（*Making News*）中指出："新闻并非自然的产物，而是一种社会真实的建构过程，且是媒介组织与社会文化妥协的产物，具有转换或传达社会事件的公共功能……这种

---

① 1972 年麦库姆斯和肖发表于《舆论季刊》上的《大众媒介的议程设置功能》，正式提出议程设置的理论假设：大众媒介加大对某些问题的报道量，或突出报道某些问题，能影响受众对这些问题重要性的认知。属性议程设置理论称：媒介不仅引导我们将注意力投向各种各样的"对象"（objects），如公共议题或政治人物，而且引导我们关心这些对象的"属性"（attributes）。很多时候这两种效果被分别称为议程设置的第一层和第二层。在第一层，媒介影响议题及其他一些对象的显著性；在第二层，媒介影响这些对象的属性的显著性。参见孙璐. 论媒体对"打工春晚"的选择性呈现——基于亲历者视角的分析 [EB/OL]. 人民网，2012-12-06.

② 大卫·克罗图，威廉·霍伊尼斯. 媒介·社会：产业、形象与受众 [M]. 邱凌，译. 北京：北京大学出版社，2009：231.

新闻生产的行为，就是现实本身的建构而不是现实的图像的建构。"① "新闻是一种社会行动的资源""它的建构限制了对当代生活的分析性理解""新闻是观察世界的一个窗口"②。"媒介镜像"影响人们的"现实认知"。媒介报道反映国家观、认同观与当代身份政治（identity politics）。③

对此，CGTN 主持人刘欣评价"西方媒体或许没有说谎，但是没有呈现出全部的真相（Western media is not lying but not just telling the whole truth）"。"弱传播（weak communication）"的假说认为，强弱是舆论学领域最重要的属性与关系。④ 邹振东认为，舆论世界与现实世界在强弱属性、主次关系、轻重判断与情理导向上，方向基本相反。现实中的强者要在舆论中获得优势，必须与弱者相连接，即现实中的强势群体就是舆论中的弱势群体。⑤ 因此，中国要充分展现自信但是要放低姿态，不宜采用高傲姿态。

因而，"威胁世界"的中国形象是一种媒体建构出的基于想象的"他者"。"中国威胁论"是被建构出来的，要解构"中国威胁论"就要分析其编撰的"剧本"：中国采用什么样做法、表达内容、话语方式、传播形式容易成为"中国威胁论"的素材，以此来降低或解构中国被"妖魔化"的效果。⑥

二、借鉴危机传播管理理念，积极应对质疑

在西方媒体的新闻理念与报道模式中，坏新闻才是好新闻（bad news is good news），在全球化新格局背景下，解构"中国威胁论"可以借鉴危机传播管理的理念。学者芬恩·弗兰德森（Finn Frandsen）将西方危机传播管理（Crisis Communication Management）体系划分为危机前（pre-crisis）、危机中

---

① 蔡雯. 对媒体与社会发展的重新审视 [J]. 新闻记者，2011（4）.
② 蔡雯. 对媒体与社会发展的重新审视 [J]. 新闻记者，2011（4）.
③ 孙璐. 新媒体视阈下对台传播策略研究 [D]. 北京：中国传媒大学，2016.
④ 邹振东. 弱传播 [M]. 北京：国家行政学院出版社，2018：66-68.
⑤ 邹振东. 弱传播 [M]. 北京：国家行政学院出版社，2018：31-32.
⑥ 邹振东. 弱传播 [M]. 北京：国家行政学院出版社，2018：68-69.

(in-crisis)、危机后（post-crisis）。英国危机公关专家里杰斯特提出了著名的三"T"处理原则，即 tell your own tale（以我为主提供情况，强调信息发布的主动权，尤其关注信息发布来源真实可靠）；tell it fast（尽快提供情况，强调速度与时效，抢占优势）；tell it all（尽可能提供利于公众知晓的全部情况，强调信息的真实性，隐瞒真相会引起更大的怀疑）。① 关于危机的定义，大多数学者以突发性、威胁性、决策时间短这三项作为危机的认定标准（吴宜蓁，2005）。②

按照西方危机传播管理的尽快告知原则，中国媒体应当在国际社会尽快发声，积极提供事实性信息，再根据更新的情况予以跟进，做到在国际舆论场积极发声。

三、展现谦卑的姿态和大国胸怀，争取国际社会的认同

中国的国际传播要争取国际社会的认同和理解，在媒体塑造的国际舆论里以过分强硬的姿态出现，容易使受传者产生抵触心理。评价国际传播不能仅仅关注传播主体所传播的内容，更要关注传播效果，即受众对传播内容的理解和吸收程度。

厦门大学的周宁认为"中国崛起论"和"中国威胁论"是一个问题的两种观点，其核心是中国力量的合法性。后者的文化逻辑是西方对东方集体主义的理解和想象。集体主义文化在国际舆论场的表现是群体形象的正能量传播，但群体形象存在先天的传播困境。群体传播的形象个性化不突出，难以给人留下深刻印象，形象空泛而非有血有肉，和受传者的情感关联较弱，很难产生"共情"的效果。邹振东认为，中国的国际传播应当采取"谦卑姿态"，谨慎采用"强者形象"的强势传播，而是要学会"弱传播"，若非要以强者的身份出

---

① 孙璐. 新媒体视阈下对台传播策略研究 [D]. 北京：中国传媒大学，2016.
② 史安斌，孟冬雪. 跨国化·社交化·情感化：危机传播研究的新视域 [J]. 全球传媒学刊，2015（9）.

现，则要进行舆论的转换。具体来说有以下路径。

路径之一是采取低姿态。中国多以完美主义的形象向世界传播自己，高高在上，显得程式化，难接地气，很难做到喜闻乐见。自嘲与幽默的表达是强者的专利，也是和弱者拉近关系的手段。比如，中国的国家形象纪录片多震撼、感动的镜头，但鲜见自嘲、可爱、无伤大雅的幽默与玩笑，幽默是中国国际传播开始成熟和自信的元素之一。路径之二是表达强者的担当，不仅是领导者的担当，还有对责任、秩序、规则的担当。路径之三是建立与弱者的连接，即拉近与受传国家民众的距离。①

四、谨慎把握传播中的群体形象

荷兰学者霍夫斯泰德提出个人主义和集体主义的价值维度，个人主义强调在任何社会环境下，个体是唯一最为重要的价值实体，每个个体的独特性具有至高无上的价值。根据霍夫斯泰德的全球调查成果，美国、澳大利亚、英国、加拿大、荷兰等文化倾向于个人主义价值观念。②

集体主义文化看重社群团体、合作、共同利益、和谐、传统、公共利益和维护脸面。集体主义强调群体内而非个人的观点、需求和目标，中国推崇集体主义文化。③"中国威胁论"的本质是政治问题，有误读的成分，也存在有意为之的因素。理解"中国威胁论"的基础是文化问题，特别是跨文化传播中对不同文化的理解，解构的关键在于传播，在提升群体形象传播方面可遵循以下几点。

一是减少中国形象中群体形象的比例，大幅增加对个体形象的塑造，不仅

---

① 邹振东．弱传播 [M]．北京：国家行政学院出版社，2018：68-73.
② 拉里·A.萨默瓦，理查德·E.波特，埃德温·R.麦克丹尼尔．跨文化传播：第6版 [M]．闵惠泉，贺文发，徐培育，等，译．北京：中国人民大学出版社，2013：128-130.
③ 拉里·A.萨默瓦，理查德·E.波特，埃德温·R.麦克丹尼尔．跨文化传播：第6版 [M]．闵惠泉，贺文发，徐培育，等，译．北京：中国人民大学出版社，2013：128-130.

要讲好中国故事，更要讲好中国观点，其载体是一个个具体的、可感知的形象。二是如果需要群体形象，一定要个性化，要有主角，要可以识别。当中国人让外国人无法辨识时，被妖魔化的概率就大大增加。三是学会还原，即还原人物生活的情景，而不是将人物脱离其具体的环境和语境。如时代广场播放的中国形象片，将都穿着白衬衫的中国互联网先驱者李彦宏、马云、丁磊放在一个镜头里，外国人很难通过五官辨识他们，乍一看还以为是衬衫广告。四是多塑造家庭形象。家庭是西方主流社会普遍认同的价值观，家庭的形象最为真实、亲切，但是，家庭关系和场景常常被忽略，重视超越国家和意识形态的价值观和情感是今后国际传播的方向。①

五、避免为塑造"完美"形象而带来负面效果

中国媒体在塑造和传播中国形象的过程中，要警惕为了塑造"完美"形象而带来负面效果。如前文讨论的"一带一路"倡议的报道实践，中国的媒体普遍采用完全正面报道的视角展示和介绍"一带一路"，CGTN 也不例外。因此，有外国学者将其称之为"完美的计划（no problem project）"，在西方语境下，这样的说法本身带有一定的讽刺意味，也因此引发质疑和讨论。在 2017 年"一带一路"国际高峰论坛期间，BBC 就推出了《什么是"一带一路"》的短片，其中提出了在"一带一路"倡议的背景下，中国向沿途国家给予了巨大的资金投入（big investment），可能会带来产能过剩等问题，同时质疑中国的政治意图，使用了"政治野心（political ambition）"的提法。

因此，中国媒体在报道时，可以借鉴霍夫兰在劝服传播效果研究中的"两面提示"策略，在提示己方观点或有利材料的同时，也以某种方式提示对立一方的观点或不利于自己的材料。由于给对立观点以发言机会，给人一种"公平"感，可以消除说服对象的心理反感。"一面提示"对于原来就赞同此观点和受教育程度较低的人有较强的说服效果。取得正面效果并不一定要完全依赖

---

① 邹振东. 弱传播 [M]. 北京：国家行政学院出版社，2018：73.

于正面宣传，"两面提示"会产生"免疫效果"，对受教育程度高的人群作用明显，有利于改变受传者的认知态度。CGTN在新闻实践中应当灵活把握，做到不绝对化地夸大成就，平衡、客观地展示中国。

本章小结

本章主要聚焦CGTN的内容建设。CGTN在议程设置型报道方面有值得肯定之处，但在业务水平上仍存在较大的提升空间，国际议程设置能力有待增强。通过分析"一带一路"相关报道，CGTN在专业性方面有以下不足：节目提供浅层次的事实性信息较多，而深度解读的观点类节目较少；宏大叙事较多，细节故事较少；外国面孔较多，外国人士深度参与的节目较少；报道总量较多，易于传播和有影响力的作品较少。

通过实证分析发现，在突发性新闻报道方面，CGTN的记者调动和现场抵达能力、发掘现场新闻的能力以及对新闻事实背后的解释能力不足。第一时间提供对新闻事实的独家观点解读的能力有待提升。深入系统地剖析新闻事实背后的国际关系和政治、经济、社会局势是形成媒体品牌的关键。全球性新闻媒体应当具有全球视野，在重大新闻事件的报道和国际舆论场中获得首发权、话语权和阐释权。

提升CGTN国际新闻报道水平的专业化，需要专业化的国际传播和新闻报道理念，遵循新闻传播规律。面对瞬息万变的全球新闻报道环境，应当提高首发率，第一时间发布权威信息，力争呈现全球重大新闻事件的独家报道，提供能扭转国际重大事件走向的关键报道，重视独家权威观点的解读，提升国际新闻话语权。

中美女主播越洋对话是中国主流媒体首次在颇具知名度和影响力的美国媒体上发声，也是国际传播史上具有里程碑意义的"媒介事件"，是国际传播实践的新起点。从长远来看，中国的国际交流应该抓住这次机会，应该将与国际主流媒体的合作平台化和常态化，探索节目传播的新模式。

目前，中国受到"中国威胁论"等质疑，中国媒体应当在国际社会第一时间发声，遵循危机传播管理的尽快告知原则，积极提供事实性信息，再根据更新的情况予以跟进，做到在国际舆论场积极发声；应当采取"谦卑姿态"和大国心态，争取国际认同；谨慎把握传播中的群体形象；避免为塑造"完美"形象而带来负面效果，平衡、客观、全面地展现中国形象。

第七章

新媒体平台建设：潜力无限的蓝海

第一节　国际传播中的新媒体平台

一、崭新的媒介环境

数字技术的革命性改变和互联网的发展使人类真正进入了全球化新时代。这里的新媒体即新兴媒体（emerging media），是指以信息通信技术（IC-Ts）为支撑的媒体，是"所有人对所有人的传播"。新媒体技术颠覆性地改变了人们的生活方式和行为方式，传播模式从垂直传播向水平传播转变，由此引发的传播关系和传播空间距离的改变也推动着东西方国家在政治、经济、文化结构和社会治理运行模式等方面的变化。有学者用数字化、网络化、媒体融合及交互性（Scolari，2009）等关键词来阐释新媒体。

媒介生态呈现出"去中心化"的趋势，"以用户为中心"逐渐代替了"以传者为中心"的特权传播方式。传播平台由传统的电视平台扩展为多媒体平台。新媒体视阈下传播主体从"媒体"到"公众"，传播向度从"单向"到"多元"，传播内容从"专业内容生产"到"用户自制内容生产"。①

---

① 张丽. 新媒体时代中国电视新闻变革研究 ［D］. 北京：中国传媒大学，2011.

二、新媒体平台在国际传播中的优势

在国际传播中，影响受传者的信息加工动机（motivation）由受传者和传播情景共同作用。第一，与受传者自身的相关性（personal relevance）。相关性包括信息的信源国家或地区与受传者的关联程度，信息内容涉及的国家或地区与受传者的关联程度，发布信息的机构（通常是大众传播媒介）与受传者的关联程度等。例如，受传者近期打算去东南亚旅游，则会更有兴趣接收与东南亚旅游目的国有关的信息。"本土化（localization）"策略也可以显著增加关联性，如采用外籍海外报道员报道国际新闻，会使受众有亲切感。第二，认知的需要（need for cognition）。"使用与满足（Use & gratification）"理论从受众角度出发，认为受众之所以接触媒介是因为受众在使用媒体的过程中获得了需求的满足（心理和行为上的效用）（卡茨，1974）。新媒体平台上轻松有趣的报道往往更有吸引力，它们满足人们的娱乐（entertainment）需求。

如前文第四章第二节所述，目前 CGTN 电视订阅渠道受限，且 CGTN 在星级酒店、旅店等地方落地情况不佳，新媒体平台将成为其渠道建设的突破口。

新媒体平台是值得深度开发的蓝海，有无限可能性。和传统的电视平台相比，新媒体平台省去了信号传输、渠道落地等成本，体现出传者个性化、平台社交化、信息碎片化、传播裂变化等特点，利用社交媒体的连接节点使人们重新部落化，社交媒体话题传播甚至可以在极短的时间形成全球性关注。如何实现大屏与小屏互动，如何运用社交媒体短视频的发展扩大传播影响力，都是非常值得探讨的话题。

第二节 CGTN 新媒体平台分析

CGTN 推进多平台融合报道，在网站、客户端、社交媒体平台等多媒体终端发布报道。CGTN 五个语种的国外社交平台粉丝总数超过 1.5 亿，其中，英语主账号粉丝量过亿，YouTube 平台主账号观看量突破 4 亿次；CGTN 客户端累计下载量近 700 万，国际用户超过九成；2018 年 5 月陆续上线的西、法、阿、俄语频道二级页面浏览量均超过 600 万，法语频道突破 1000 万。①

一、CGTN 的网站平台

CGTN 的网站 CGTN.com 迎来第 6 次改版，并于 2019 年 1 月 20 日正式上线，网站从感官体验和内容上进行了升级更新。网站的页面布局在视觉呈现上更趋向国际化，界面设计更加友好，兼顾美观性和信息量。在原有政治（Politics）、财经（Business）、科技（Tech & Science）、文化（Culture）、中国（China）、国际（World）、图片（Picture）、视频（Video）、评论（Opinions）这 9 个版块的基础上，增加了自然（Nature）、旅游（Travel）、体育（Sports）三大板块。这三个新增版块的选择经过了数据分析，考虑了用户阅读量等因素。旅游版块希望为海外观众展示如何玩转中国，让新闻内容更加时尚、年轻、国际化。调查发现国际用户对中国的夜生活文化、本地文化很感兴趣。此外，该版块准备通过开展旅游合作等形式开发更多原创内容。内容团队和技术团队的配合向用户提供了更有价值的内容和更友好的用户体验。

此外，网站在原来"滚动头条区（top news）"的基础上新增"突发新闻（breaking news）""社交端热点推荐""最高阅读推荐（most read）"和

---

① 数据来源于江和平 2019 年 1 月在 CGTN 年度总结和 2019 年工作设想大会的发言。

"最多分享推荐（most shared）"区域，并实时更新。在"社交端热点推荐"区域用户可以一键点击关注 CGTN 的微博、抖音公众号。此外，网站还添加了反映最新热点的图片（trending pictures）和视频（trending videos）版块。新版网页对重大报道设立了专题区域，比如脱欧专区、中国经济发展专区等。网站将侧重以普通人的视角来传递"中国声音"，为世界呈现丰富多彩的中国社会。

CGTN 主页与 CGTN America 以及 CGTN Africa 这两个独立网站的链接并不友好。后两者网站的右上角设置了进入 CGTN 主页的链接，但从 CGTN 主页不能直接跳转到 CGTN America 和 CGTN Africa。

在网页设计上，北美和非洲的节目更有针对性。CGTN America 增加了针对美国受众的 *The Heat*（《热点》）、*Americas Now*（《美洲观察》）、*Full Frame*（《全景》）、*Big Story*（《环球纪实》）等栏目的链接。华盛顿工作室制作的《全景》已经迎来第四季，栏目用短片和视频呈现有关全球社会和文化的时事。它旗下的饮食板块分享美食，分享具有特殊意义的故事和个人旅程中的生活感受。新推出的 *China Unknown*（《你不知道的中国》）栏目通过 2~3 分钟的动感短片，展示中国有趣和独特的一面。

此外，*Big Story*（《环球纪实》）栏目每周五晚推出时长为一个小时的纪录片，制作人员几乎全部为北美分台员工且多为外籍雇员，在叙事方式上更符合海外特别是欧美观众的口味，制作精良，视野广阔，涉及叙利亚难民问题、美国的第四权力等，具有全球话题性和人文关怀，节奏紧凑，水平专业。比如，《环球纪实》探讨突尼斯儿童失踪问题的节目，指出了突尼斯失踪的孩子被强制加入伊斯兰国家战斗队伍，突尼斯丢失的儿童是恐怖主义对突尼斯造成破坏性影响的一个缩影。但该节目劣势是制作成本较高、周期较长。

CGTN Africa 的网站强化了非洲的相关内容，如《非洲直播室》（*Africa Live*）、《对话非洲》（*Talk Africa*）以及展现非洲普通人的纪录片《非洲面孔》

（*Faces of Africa*）等。网站右侧还增加了社交媒体的相关内容。

二、移动终端与社交媒体平台

CGTN 在 2017 年推出了三个移动客户端①：CGTN、CGTN LIVE 和 CGTN HD。目前整合为 CGTN 和 CGTN America 两个客户端，两个客户端的标志色并不统一，其中 CGTN 主客户端采用标准的香槟色标识，是资讯集成式客户端，分别包括政治、经济、社会和科技等垂直领域资讯。此外，还囊括了报道专题、图片报道、直播等功能。它在版块的上设计和网站一致，除此之外，还加入了熊猫主题卡通形象的 AR 功能，用户可以和熊猫一起合影拍照。CGTN America 的配色则以灰色为主，在设计上体现简洁的风格，分台与总台的标识在统一性上可以再做调整。如前文所述，CGTN 应当整合各个平台，旗下各个品牌应当采用标准化设计，采用统一的、可识别的、易传播的品牌符号系统，增加品牌辨识度。

2019 年 1 月，CGTN 苹果智能电视端全新上线，新产品融合新媒体端的事件直播、视频专题报道和滚动视频新闻以及电视端的英语、西班牙语、法语、阿拉伯语、俄语、纪录片频道的直播信号和重点栏目的回看视频。

在社交媒体运营方面，CGTN 推出 Facebook、Twitter、YouTube、Instagram、Google+、Pinterest、Tumblr、微信、微博、秒拍、抖音（Tik Tok）等平台。以 Facebook 为例，除了 CGTN 主账户，还包括 CGTN Africa、CGTN America 等多个子账户。截至 2019 年 1 月 20 日 CGTN 的 Facebook 主账户已经拥有近 7358.9 万粉丝，Facebook 各个平台用户数之和约为 1.28 亿人。② 在总数上，CGTN 领 先 于 BBC World News（世界新闻）、CNN International（CNN 国际）、RT（今日俄罗斯）和 Al Jazeera English（半岛电视台英语频道）等国际传播

---

① 毕建录. 国际战略视角下我国媒体的对外传播——兼评中国国际电视台（中国环球电视网）CGTN 的成立［J］. 青年记者，2017（21）：51-52.

② 由于同一粉丝可能同时关注多个 CGTN 旗下不同栏目的账户，所以可能存在重复计算的情况。

机构账号。CGTN 的 YouTube 频道不仅上传资讯视频，还提供 24 小时视频直播服务。以图片和短视频分享为主的 Instagaram 主账号实时更新有关中国的新闻、文化、人文、风景等图片，拥有超过 148.9 万粉丝。CGTN 主账号发布微博 4.3 万条，拥有 280 万粉丝；发布抖音 240 条，以软新闻为主，拥有 116.8 万用户。

社交媒体对于传统电视媒体而言，具有新媒体的属性。然而，全球社交媒体类别多样，其异质性甚至大于同质性。CGTN 应当根据不同的社交媒体特点采用不同的策略，在 Facebook、Twitter、YouTube 等综合信息平台发布新闻和软性资讯。在更偏重娱乐功能的平台如 Instagaram、抖音等，分享和中国有关的内容多为轻松有趣的软新闻。例如，CGTN 分享社交媒体热议视频——中国山东省临沂县的校长带领几百名学生跳舞。这一短视频发布仅一天就获得了近 4 万次的播放量。"操场太小，不允许 700 多名学生跑"，校长放弃了传统的日常项目并带领学生跳舞，初衷是让学生锻炼身体。这一视频采用音乐加字幕的形式重新剪辑，最后有一个孩子 2 秒钟的同期声，觉得跳这个舞蹈很好玩，没有进一步解释。外国网友纷纷评论，觉得舞蹈很有趣，他们跳得很开心，也希望能引进这种舞蹈到自己的国家。

再如，2019 年 1 月 25 日 CGTN 在 Instagaram 平台分享的短视频，一只黑猩猩正在向饲养员学习，在中国东北的动物园里用扫帚清理它的围栏，用毛巾擦脸。又如，来自美国的童星"假笑男孩"加文（Gavin Thomas）应邀来到北京参加活动，他紧张不安但彬彬有礼的微笑引起了中国数百万网民的关注和喜爱。

三、五家媒体社交平台表现的实证分析

下面将比较 CNN、BBC、半岛电视台、RT 以及 CGTN 在全球三大社交媒体平台 Facebook、Twitter 和 YouTube 的用户订阅数量和发布消息数量及多项指标占比（如表 7-1 和图 7-1、7-2、7-3、7-4 所示）。

表 7-1 国际社交媒体的订阅情况①

媒体	Twitter 用户数	Tweets 推文数	Facebook 用户数	YouTube 用户数	YouTube 视频数
CGTN	9,888,135	67,500	67,952,809	497,395	58,135
CNN	40,424,003	203,720	17,432,189	4,814,322	142,353
BBC News	23,771,158	284,178	47,369,664	3,199,532	8,936
RT	2,667,822	273,303	5,308,447	3,033,113	40,919
Al Jazeera	4,867,583	212,722	11,479,839	2,516,691	75,585

Facebook subscribers

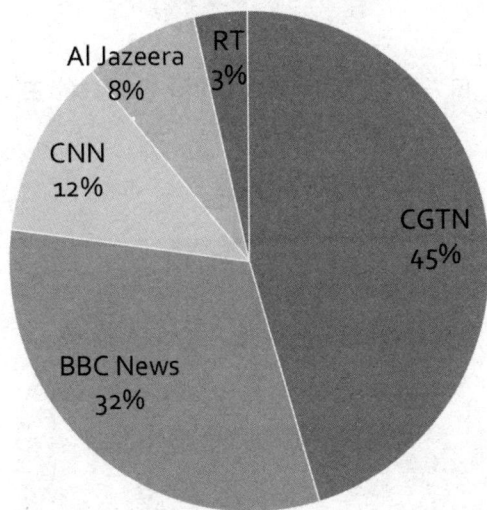

图 7-1 主要国际媒体 Facebook 订阅数饼状图

① 以上数据来源于各社交媒体网站，截至 2018 年 10 月。

Twitter Followers

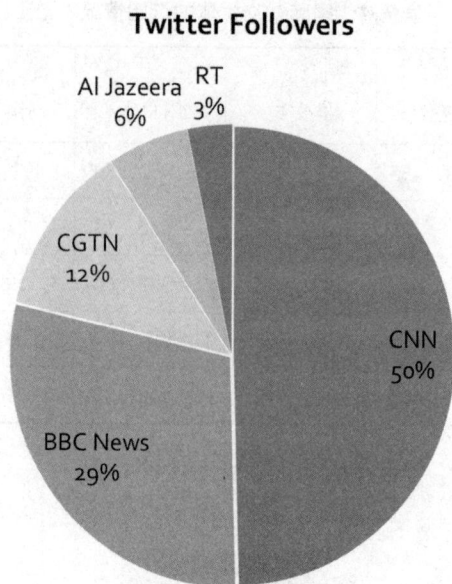

图 7-2　主要国际媒体 Twitter 粉丝量饼状图

Tweets

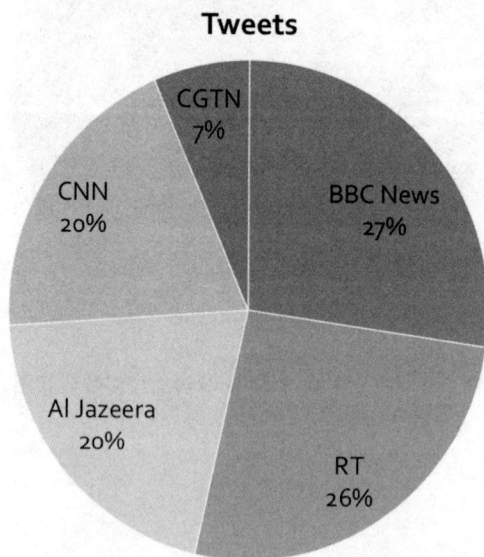

图 7-3　主要国际媒体 Twitter 平台推文数量饼状图

YouTube Subscribers

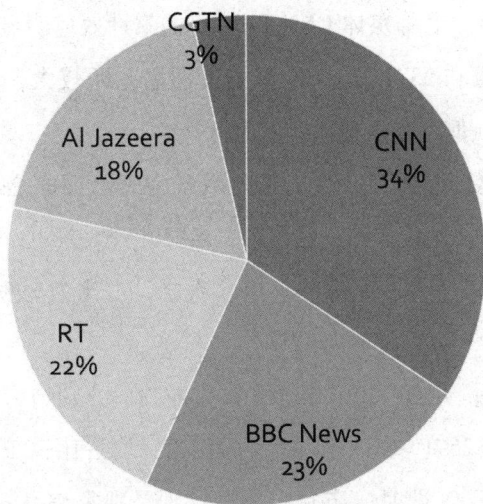

图 7-4 主要国际媒体 YouTube 订阅数饼状图

由表 7-1 和图 7-1 可见，CGTN 在 Facebook 订阅量上优势突出。

（一）基于 Facebook 平台的分析

在时间上，CGTN 虽然成立比较晚，但是在 Facebook 订阅总量上优势突出，有近 7000 万订阅用户，远远超越其他同类全球性媒体。BBC News 位列第二，且前两者的占比分别为 45% 和 32%。CNN、AJ、RT 的用户订阅数较少，占比分别为 12%、8% 和 3%。

究其原因，首先源于 CGTN 对 Facebook 平台的重视。因为 Facebook 属于个性化的社交平台，而 Twitter 属于更具公共属性的新媒体平台，所以其他全球性媒体在 Twitter 上的投入更大，给了 CGTN 发展 Facebook 影响力的空间。需要说明的是，CGTN 在评论、转发量等互动方面还亟待提升，转发量和评论数反映了用户的参与程度和意见，目前的评论数和转发量在总用户数的占比过低，甚至被西方媒体质疑数据真实性。因此，CGTN 下一步应当加强用户黏性和产品吸引力，重视情感互动，提升用户的互动性和转发意愿。

（二）基于 Twitter 平台的分析

在 Twitter 平台，老牌媒体 CNN 和 BBC 的累计效应明显，其订阅用户数量分别超过 4042 万和 2377 万。CGTN 与前两名差距较大，粉丝数虽然高于半岛电视台和 RT，但总体表现活跃度偏低。

在 Twitter 粉丝量方面，CNN 的粉丝数量为其余四家之和，优势非常明显。CNN 各项水平都比较成熟，且与第二名拉开较大差距，CNN 除了社交媒体的主账号，还运营下属栏目账号。BBC 次之，占比为 29%。CGTN 超越了 AJ（6%）和 RT（3%），占比为 12%。

在发布推文数量方面，BBC 和 RT 势头强劲，分别约为 28 万条和 27 万条，占比为 27% 和 26%。CNN 和 AJ 实力相当，均占比 20%。而 CGTN 劣势明显，这就说明 CGTN 即时发布新闻信息特别是独家信息的能力亟须增强。建议 CGTN 提升社交媒体平台的新闻采编能力，发布有趣、易传播的信息，吸引粉丝，提升媒体竞争力。当然，由于 CGTN 成立时间最晚，也应当考虑推文的累积效应。

（三）基于 YouTube 平台的分析

在以视频为主的 YouTube 平台上，CNN 的用户订阅数遥遥领先，BBC 和 RT 次之且数量相当。CGTN 在订阅粉丝数量上显著低于同类媒体，占比仅为 3%。

CNN 表现强劲，发布视频新闻超过 14 万条，值得注意的是，CGTN 在视频总量上表现水平中等，其订阅用户数量最少，其在 YouTube 平台的旗下诸多账号有待整合，用户吸引力有待增强。

综上所述，CGTN 在 Facebook 平台上的粉丝总数领先，但是其评论、转发量与之不相匹配。在 Twitter 平台，CGTN 在粉丝总量上处于中等水平，与前两名老牌媒体 CNN、BBC 差距较大，且总体表现活跃度偏低。在以视频为主的 YouTube 平台上，CGTN 视频发布数量处于中等水平，但在订阅粉丝数量上显著低于同类媒体，占比仅为 3%，CGTN 即时发布新闻信息，特别是独家信息的能力亟须增强，对用户的吸引力有待提升。下一节将分析 CGTN 的新媒体平台建设。

第三节　CGTN 新媒体平台建设的着力点

CGTN 应当处理好大屏与小屏的关系，深度探索电视终端和移动终端的节目样态，应用社交媒体短视频扩大影响力，打造具有特色的新媒体产品。

一、探索大屏与小屏的互动

（一）大屏与小屏的特点

这里的大屏（幕）指电视终端的屏幕，小屏（幕）指移动终端的屏幕（以智能手机为主，包括平板电脑等）。大屏与小屏的介质形态决定了收视场景、画面符号、内容符号、生产模式、设计理念等都具有较大差异。

第一，两者的收看场景不同，大屏幕的使用情景一般发生在家庭中，收视时间较长。小屏幕的收看情景复杂，可能发生在上班途中、餐前饭后、起床之后、睡觉前等诸多场景中，体现出收看时间碎片化的特点。因此，小屏幕产品的设计就要在极短的时间内抓住用户的注意力。

第二，屏幕大小的不同决定了画面符号的使用差异。在重要新闻节目中，电视多视窗的应用可以提高信息丰富度，身处全球的嘉宾可以通过多视窗在一个画面中实现对话连线。但是由于移动终端的屏幕较小，多视窗等手法就不适合采用。此外，过多的字幕信息也会显得冗余。在小屏幕上要尽量做"减法"，突出最重要的人物、环境等信息，防止因画面元素过多而淡化主体。

新媒体内容和电视内容真的是不一样的，不能完全依托电视的内容做新媒体。新的媒介生态对传统的内容是颠覆的。新媒体时代这种方式是很好的，抓住新闻时效性之后，可以通过新闻搭建同场感，再通过互动的方式进行补充。这就是新的场景产生的变化。①

第三，在生产模式方面，画面大小的不同决定了对画面质量要求的差异。大屏幕要求的画面质量较高，大全景的镜头易于给人带来震撼的感觉。主持人播报适合用全身或者中景镜头。小屏幕中画面保真度较低，大全景镜头的细节难以展现，适合用近景或特写镜头。

第四，基于电视端的生产和移动端的设计理念不同，大屏幕的节目设计偏向严肃，给人庄重感；小屏幕注重趣味性、交互性、社交化、重分享，亦有采用竖屏设计的形式。

（二）大屏与小屏的二次屏幕转化

由于大屏与小屏的介质存在差异，作为移动终端的小屏如果完全平移电视的视频内容，是难以取得良好的传播效果的。目前，CGTN 的产品内容大致分为基于移动终端平台（小屏）设计的报道产品和基于电视平台（大屏）设计的报道，二次屏幕转化团队至关重要。目前 CGTN 的新媒体团队中，主要依据媒体平台的不同进行分组，如客户端、网站、社交平台等。可以借鉴 CNN 的社交媒体团队组织形式，包括社交媒体采集团队、社交媒体发布团队、社交媒体电视团队。尤其是社交媒体电视团队结合大屏和小屏，实现了二次转化。团队利用社交媒体平台推送电视画面中的关键时刻的精彩镜头，致力于第二次屏幕体验（second screen experience），剪辑电视平台的视频画面以适应社交媒体，这是探索电视屏幕与社交媒体深度融合的很好尝试。

---

① 根据 CGTN 制片人 D 的访谈，2017 年 8 月 25 日。

二、重视移动社交短视频

短视频指的是通常在移动终端播放的、基于社会化媒体传播的、时长较短的视频产品，其时长从几秒到几分钟不等。目前短视频的时长没有明确的定义，在社交短视频平台中，用户自制内容的短视频时长大多为 15 秒~1 分钟；专业化机构生产的短视频内容被称为 PGC，这类短视频的时长一般在 20 分钟以下，尤其以 5~10 分钟居多。新闻专业机构对用户自制的内容进行新闻信息核实并加工的内容被称为 PUGC（Professional User – Generated Content），这是专业化内容与用户自制内容结合的产品。

短视频传播场景具有以下特点：生活化、碎片化、浅阅读、娱乐化。短视频的视听新形态不仅超越了"观看"，还获得了由大众传播和人际传播带来的新功能，"从社会空间、交往行为、语言呈现等多方面向原有的媒体规范提出挑战，为我们理解媒介、传播和人类关系提供新的视野和思维逻辑"①。社交短视频利用社交媒体的关系网络进行传播，具有话题性的社交短视频的传播速度和效果都非常显著。

CGTN 已经开始打造短视频类节目，尤其是简短的新闻评论节目，如《真相放大镜》（*Facts Tell*）、《悦辩悦明》等。这些短视频节目的时长一般在 5 分钟以下，通常是 2~3 分钟。视频往往针对一个问题展开回应，由主持人画面和新闻背景画面剪辑而成，包装年轻化，制作精良。但目前短视频节目在电视终端和社交媒体平台呈现的内容几乎完全相同，"大屏"与"小屏"的转化尚待探索。

三、打造特色新媒体产品

（一）鼓励用户自制内容生产

目前，CGTN 还停留在利用社交媒体等新媒体平台推出报道的阶段，尚

---

① 王晓红. 网络视频：超越"观看"的新形态 [J]. 青年记者，2018 (7).

未形成自己的新媒体品牌，或可在成熟的时候为用户提供自制内容生产平台，鼓励用户参与其中。例如，CNN 基于用户内容生产平台新媒体品牌 iReport 允许来自世界各地的人们提供突发新闻事件的图片和视频、沉浸式新闻模块和新媒体虚拟现实平台的 CNN VR、致力于影像语言叙述的短视频新媒体品牌 Great Big story 等，都是多元化的尝试。CGTN 可以在社交媒体平台，鼓励用户进行视频内容生产，利用社交短视频发力。

（二）移动直播常态化

应重视移动直播的常态化，优化直播时间，增强同场感，提升互动性。CGTN 还在起步阶段，海外的移动直播还做得很少，因为长期签约的海外报道员，多为提供报道计件支付稿酬的工作模式。国内的移动直播新闻做得相对较多且以活动直播为主，例如，在 2017 年 10 月中共十九大期间进行了 28 场移动直播。再如，2018 年底，通过移动直播的形式首次向世界展示北京演播中心的台前幕后。CGTN 应当重视新媒体内容的差异化，提升自采能力，特别是要提升重大新闻事件的报道专业性和解释能力。

（三）注重交互性与可视化

CGTN 新媒体平台的产品设计要重视交互性和可视化呈现，尽可能利用多种技术酷炫、有趣地呈现产品。例如，CGTN 在 2019 年 2 月推出的《功夫传奇：体验少林式的生活》介绍和展示中国元素中的少林功夫。新媒体产品注重用户体验，由多个部分构成，包括 6 分 40 秒的新媒体短片、360 度少林寺的 VR（虚拟现实）全景展示、少林文化机构数据可视化的呈现等部分，随着用户滑动浏览，还能看到嵌在文字部分的少林功夫的动画表演。但是该产品在传播效果上并不突出，其原因在于新媒体产品在设计上没有充分考虑开放性，下一步可以考虑提升用户分享意愿，即让体验的用户成为下一个传播节点，这将大大提升用户到达量。

再如 2019 年全国两会期间推出的大数据交互可视化网络报道《为人民》（*Who Runs China*）基于大数据统计分析 3D 交互技术和爬虫技术，以彩色的圆点象征人大代表，从性别、年龄、教育背景等视角对2975名全国人大代表的信息进行可视化呈现，更加直观生动。除了《为人民》外，为配合两会新闻报道，CGTN还在移动官网推出了全媒体交互页面《追梦2019·两会特别报道》（*Two Sessions：Pursuing Dreams*），也是交互式报道的很好尝试。

第四节　运用社会化平台，设置全球共同议题

本节将主要通过风靡全球的社交媒体的案例，分析CGTN依托新媒体平台设置全球共同议题的方向和建议。在社会化媒体中，轻松有趣的报道往往更有吸引力，它们满足了人们的娱乐需求，提升了受传者对信息进行精细加工的意愿。虽然选取的案例并非由CGTN策划，但其中涉及的"模因（meme）"元素及全球"病毒式传播"的话题具有普遍的研究价值。可以从普遍性、趣味性、易传播性的角度出发，运用社交化平台，设置全球共同议题，提升全球性媒体的传播效果。

一、风靡全球的社交媒体案例

2019年元旦之际，来自抖音海外版（Tik Tok）的"四世同堂"（*Four Generations under One Roof*）系列短视频在国外社交媒体（twitter）上被广泛传播。视频被海外著名社交媒体Buzzfeed的编辑转发到推特（twitter）上，并在推特等社交媒体广泛传播。视频中小女孩喊"妈"　（calling out "Ma!"），孩子、妈妈、外婆、曾外祖母（great-grandmother）依次出场，喜笑颜开走进镜头。挑战的规则非常简单：一个人召唤出来自上一代的亲人，然后这个亲人再召唤出来更上一代的亲人，一直持续到第四代出现。视频已被超过34万人转发，近140万人点赞，点击量超过1900万。视频所传达的正能量（wholesome energy），在不同国家、不同文化的网友之间引起了共

鸣。Facebook 每周新闻小组（FBE）专门请网友观看视频，并记录下感受，也获得了 46.7 万收看量。网友 Eve Keith 留言道："多么有爱的一组镜头和家庭，我非常幸运有两张四世同堂的照片，在其中的一张里我还是个孩子，现在我已经是一位母亲了，对我而言非常珍贵。"

"四世同堂"风在席卷外国社交媒体后，网友们纷纷效仿，拍摄上传自己四代家庭成员的小视频，还有不少晒出自己家"四世同堂"甚至是"五世同堂"的照片（snapping photographs of their four or even five generations），组成了不同国家挑战的接力。

二、广泛传播的"模因"机制

20 世纪 70 年代，英国民族学家理查德·道金斯（Richard Dawkins）仿照遗传学的核心概念"基因（gene）"，创造了"meme"一词，翻译作"模因""米姆"等，指可以被传播、扩散、复制，也会衍生和变异的人类"文化基因"①。决定遗传和变异的"基因"由难以计数的 DNA 组成，而"模因（meme）"也是一个为了自身的生存而寻求复制的文化单位，"模因"作为文化的遗传因子，也经由复制（模仿）、变异与选择的过程而演化。

"模因"是一种复制因子（replicator），主要通过模仿的方式传播。"模因"传播的过程就是"模因"遗传的过程，如"四世同堂"挑战中，凑齐四代家庭成员，并以视频或照片等形式分享转发，就是"模因"的传播和遗传过程。"模因"具有变异性，其传播过程并非都是完全一致、一成不变的，如"四世同堂"中，不同家庭、国家、肤色的人们都存在差异性。"模因"还具有选择性，即传播能力是不同的，如某些辨识度高、有趣的元素更易于被传播，另一些则很难广泛传播。②

① 史安斌，满玥. "米姆"传播与数字化媒体奇观的兴起（上）［J］. 青年记者，2015.

② 高梁. 关于 meme 的几个问题［EB/OL］. 中国社会科学网，2014-01-08.

　　"模因"从形式上主要包括文本、图像、音频、视频等。世界各国网民聊天时常用的"表情符"（emoticon）、表情包也成为常见的"模因"元素。未经修改过的模因元素被称为"原生模因"。借助社交媒体平台上更为广泛的"用户生产内容"（UGC）机制，经过增添、修改、衍生等再次生产和传播的信息和内容，被称为"动态模因"。"混搭模因"（remix meme）是将"模因"元素（符号、影像等）在跨媒体、跨领域、跨文化层面上的混合、重构和"破坏性创新（destructive innovation）"，在互联网传播范围内广泛传播，具有内容碎片化的特点，往往产生病毒式的传播效应，即简单的"模因"元素能够迅速发展甚至可以成为全球性的数字媒体奇观。

　　"模因"对信息文化传播的作用在互联网高度发达的时代被充分表现，在社交媒体平台上，用户不仅可以对已有信息和内容进行编辑和修改，还可以自由地生产和传播新的内容和信息。鉴于此，数字化"模因"成为全球文化传播的重要手段（史安斌、满玥，2015）。①

　　接下来，将从普遍性、趣味性、易传播性等角度出发，探讨如何运用社交化平台，设置全球共同议题，提升传播效果。

三、普遍性：选题具有全球性的共同情感

　　策划新媒体选题应当具有普遍性，选题应可以实现跨文化传播，应当是大众的而非小众的、人们普遍关心和感兴趣的话题。"四世同堂"挑战传播的内核是亲情，亲情是人类血脉传承的朴素情感和永恒的主题，它具有普世的情感价值，超越了文化和意识形态的障碍和藩篱，容易跨文化传播，引发海外受传者的情感共鸣。西方对家庭非常重视，亲情也是人类朴素而美好的情感，血脉相连的亲情成为传播中很好的情感元素。

　　短视频的剪辑并不专业但是具有创意和趣味性，属于用户自制内容生

---

　　① 史安斌，满玥．"米姆"传播与数字化媒体奇观的兴起（上）［J］．青年记者，2015.

产，一个一个家庭成员应声出现，喜气洋洋，增加了欢乐温馨的气氛。视频在元旦即将到来的时候广泛传播，无论是中国还是海外都笼罩在节日的家庭团聚气氛（family reunion）之中，符合当时当地人们的社会心态。视频里出现的一个一个具体的家庭成员，非常草根化和接地气，原创视频不加雕琢，没有宏大的叙述，以家庭场景展现日常生活，更增添了传播中的亲和力。

四、趣味性：用户参与实现传播内容的再生产

"冰桶挑战"[①] "微笑挑战"等也成为"病毒式传播"的互联网事件。2014 年微博的冰桶挑战是全球传播的经典案例，基于微博聚集，形成雪球效应。新型社交工具"移动短视频"让每个人成为新闻事件的参与者和传播者。它允许用户将智能手机拍摄的视频直接与互联网上的多种社交平台无缝连接，实时地在社会化媒体平台实现传播与分享。而明星的粉丝效应，让"病毒式传播"更加明显。易操作性、趣味性、公益性、传播性等因素生发了用户的参与感、成就感、围观感，促成了"冰桶挑战"的风靡。与其说"冰桶挑战"是"挑战"，倒不如说是个"游戏"，是一次公益的狂欢，所有人都可以参与进来，慈善也可以用"玩"的形式来实现。[②]

五、易传播性：运用社交媒体平台，实现"病毒式传播"

"病毒式传播"的提法来自病毒营销（Viral Marketing），是指通过类似病理方面和计算机方面的病毒传播方式，由信息源开始，再依靠用户自发生产（复制）信息，进行口碑宣传，达到一种快速滚雪球式的传播效果。哈佛商学院的 Jeffrey Rayport（1996）撰写的文章指出，用户自我生产、分享的信息参与传播时，传播模式与病毒繁殖（virus propagation）模式相类似，呈现出

---

① 该挑战要求参与者在网络上发布自己被冰水浇遍全身的视频内容，并邀请其他人参与。活动规定，被邀请者要么在 24 小时内接受挑战，要么就选择为对抗"肌肉萎缩性侧索硬化症"捐出 100 美元。

② 易北辰. 数据解析冰桶挑战为何火爆全球？［EB/OL］. 驱动中国，2014-08-25.

一种指数型增长模式（exponential growing pattern）。Kaplan 和 Haelein（2011）将其描述为："通过社交媒体以指数方式传递与商标、产品或服务相关的任何信息的电子口碑传播。"威尔逊（2012）通过病毒式营销理解任何刺激人们向其他人传递商标信息的策略，通过在展览中创造潜在的增长和信息的影响力。"病毒式传播"中的核心词是"传播"，"病毒式"只是描述信息快速呈几何级数增长的传播方式。①

"病毒式传播"应当遵循三个基本标准：适当的人必须在适当的环境中接收适当的信息。第一，要有适当的人传播信息。选择合适的人发布商标信息是非常重要的，例如，有影响力的意见领袖，容易成为传播节点。第二，信息具有可传播性。只有令人难忘和非常重要的信息才有足够的可能刺激"病毒式传播"出现。信息生产者往往也是消费者，例如，社交媒体使用户成为生产消费者（prosumers）。第三，强调传播环境，互联网和社交媒体环境为"病毒式传播"提供了土壤。

观点（ideas）的病毒式传播与"模因"有关。"模因"在这里被看作"文化单元（a culture unit）"，代表一种观念、信念、行为模式等。用户的参与和互动是病毒式传播的重要沟通形式，它通过设计交互性的信息调动用户参与，共同创造价值、产品或服务。情绪是影响传播的元素之一，事实证明，积极的信息可能更容易实现病毒式传播，如惊喜、快乐，因为传播者希望被识别为传递快乐的用户，悲伤、意外、阴谋等情绪也相对容易传播，如悲伤和意外交织的结局（mix sadness with an unexpected final end）。在传播中叙事被用户视为一种产生同理心的工具，好的叙事和故事，容易使传播者记住，也将创建更多连接。此外，具有高感官强度（动画、图片或颜色）和互动性、参与感的信息更有利于病毒式传播。

---

① GUEDE J. S., GURIEL J. E., ANTONOVICA A.. Viral communication through social media: analysis of its antecedents [J]. Revista Latina de Comunicación Social, 2017, 72: 69-86.

要设置更有参与度的报道产品，对于社交媒体来说，最重要的是吸引用户并且激发他们进行分享的动力。鼓励用户在各自的社交圈中分享传播信息，并激励他们发表意见、表达态度，进行评论，成为传播的连接节点。将有意识的信息分享行为在社交圈的信息流中转换为更多自发的信息分享活动，提高知名度，扩大影响力和传播效果。普遍性、趣味性、易传播性是社会化媒体平台策划报道的关键因素。利用有参与感的"模因"元素，有助于实现传播用户自制内容的再生产，感官强度高、互动性强的信息更有利于病毒式传播。

本章小结

本章探讨 CGTN 新媒体平台建设。数字技术的革命性改变和互联网的发展使人类真正进入了全球化新时代。CGTN 在 Facebook 平台上的粉丝总数领先，但是其评论、转发量与之不相匹配。在 Twitter 平台，CGTN 在粉丝总量上处于中等水平，与老牌媒体 CNN、BBC 前两名差距较大，但总体表现活跃度偏低。在以视频为主的 YouTube 平台上，CGTN 视频发布数量处于中等水平，但在订阅粉丝数量上显著低于同类媒体，占比仅为 3%。CGTN 即时发布新闻信息特别是独家信息的能力亟须增强，对用户的吸引力有待提升。

CGTN 新媒体平台建设要处理好大屏与小屏的关系，深度探索电视终端和移动终端的节目样态，运用社交媒体短视频扩大影响力，打造具有特色的新媒体产品。大屏与小屏的介质形态决定了其收视场景、画面符号、内容符号、生产模式、设计理念等都具有较大差异，应当依据各自特点实现大屏与小屏的二次屏幕转化；短视频传播场景具有生活化、碎片化、浅阅读、娱乐化的特点，应当策划有传播力的产品，利用社交关系网扩大传播范围；打造具有特色的新媒体，鼓励用户自制内容生产，注重移动直播的常态化。

　　CGTN 可依托新媒体平台设置全球共同议题的方向和建议。复制遗传的"模因（meme）"元素及全球病毒式传播的话题具有普遍的研究价值。可以从普遍性、趣味性、易传播性的角度出发，运用社交化平台，设置全球共同议题，提升 CGTN 的全球传播效果。

第八章

结论与启示：CGTN 面向未来的探讨

第一节　传播理念：从国际传播到全球传播转向

一、后疫情时代的世界格局转向

2020 年伊始，一场突如其来的疫情蔓延全球，国际局势空前复杂。2020 年 1 月 30 日，世界卫生组织（WHO）总干事谭德塞宣布新型冠状病毒（以下简称"新冠"）肺炎疫情成为国际关注的突发公共卫生事件（Public Health Emergency of International Concern，PHEIC），这是世卫组织传染病应急机制中的最高等级。3 月 11 日，WHO 宣布新冠肺炎（COVID-19）疫情呈现出全球性大流行（pandemic）趋势。

2020 年 3 月，由于有效的防控和治疗，中国疫情基本得到控制，而海外成了疫情高发区。

中国国家主席习近平 3 月 26 日晚在北京出席二十国集团领导人应对新冠肺炎特别峰会并发表题为《携手抗疫，共克时艰》的重要讲话。习近平指出：

　　新冠肺炎疫情正在全球蔓延，国际社会最需要的是坚定信心、齐心协力、团结应对，全面加强国际合作，凝聚起战胜疫情强大合力，携手赢得这场人类同重大传染性疾病的斗争……国际社会应该加紧行动起来，坚决打好新冠肺炎疫情防控全球阻击战，遏制疫情蔓延势头。中方秉持人类命运共同体理念，愿同有关国家分享防控有益做法，开展药物和疫苗联合研发，并向出现疫情扩散的国家提供力所能及的援助。

畅销书籍《世界是平的》的作者托马斯·弗里德曼发文称，新冠肺炎或将成为新的历史分期的起点。他比照公元前后 Before Christ 和 After Christ 的提法，认为新冠之前（Before Corona）的世界与新冠之后（After Corona）的世界格局或大不相同。也有中国学者认为国际局势将呈现从全球化①到共同体的转向（李怀亮，2020）。该学者认为共同体时代具有以下特征：第一，休戚与共，人类命运紧密相连。第二，守望相助，人类必须寻求更大范围的合作。第三，开放包容，世界的治理模式和话语方式将出现多样化的态势。笔者认为，这里的共同体与本文中所阐述的全球化新格局异曲同工。

疫情还将持续，后疫情时代的全球格局尚不明朗，但毋庸置疑的是，中国将在全球发挥更加重要的作用。病毒是人类共同的敌人，各国应当摒弃"对战"的话语，从行动上和言论上展现应对全球重大突发公共卫生事件的大国胸怀与责任担当。

二、传播理念从"民族—国家"观向全球观转向

国际传播的主体是代表"民族—国家"利益的媒体机构，国际新闻报道中一定程度上体现着国家的态度和立场，其目的是塑造民族国家良好的形

---

① 西方主导的全球化。

象，维护国家利益。全球传播的参与主体更加多元，力图超越国家立场，关注全球问题。CGTN 目前还囿于国家媒体的性质，采用"民族—国家"参照系，与其名称中希冀的全球传播尚有一定距离。

CGTN 应当转换理念，其出发点应当从强调民族观、国家观逐渐转变为突出世界观和全球观；从以"中国"为中心，着力进行中国"伟大、光荣、正确"的报道，以更广阔的胸怀和姿态，展示新的全球观和世界观，推动建设人类命运共同体，推动建设更加公平合理的全球信息与传播秩序，承担应有的世界责任。CGTN 应当以传播效果为导向，吸引用户关注，其终极目标是提升中国的国际影响力和话语权。

CGTN 应当具有国际意识和全球视野，"在语态上要由宣传式话语向传播式话语转变，由结论式话语向探讨式话语转变，由俯视性话语向平视性话语转变，由炫耀型、膨胀型、吹擂型话语向平实型话语转变"①。

全球化新格局形势复杂，面对当前及未来存在的大国博弈、文明的冲突和价值观的碰撞，CGTN 应当树立包容大气的理念，尊重多元价值观，包容发展，采用和而不同的心态，推动建立人类命运共同体和全球普遍接受的价值观，避免对立或对抗式话语，寻求合作共赢。"用中国眼光看世界，用世界眼光看中国，既要用中国的立场看世界，又要用普惠价值做判断，既要用纵向坐标看发展，又要从横向坐标看差距。"②

因此，笔者认为 CGTN 未来应朝着全球传播转向，弱化中国的国家标签，成为真正具有国际影响力的全球性媒体，报道全球受众普遍关心的问题。

三、重视跨文化传播，改进传播的话语方式

媒体在进行国际新闻报道时，要考虑受众的认知能力，实现跨文化传

---

① 张振华. 坚持实事求是，改进国际传播［J］. 广播电视学刊，2017（3）.
② 张振华. 广播电视十题断想［J］. 现代视听，2007（5）.

播。本书绪论中介绍了爱德华·霍尔提出的"高语境文化"与"低语境文化"。所谓"语境（context）"即传播的背景，是传播活动的时空环境及社会文化环境。

> 高语境文化中的语言本身所指并不能代表其全部意义，而是需要到语境中，即这个文化群体的习惯、思维、潜意识中去寻找背景，解释意义，因此，处于高语境文化中的语言的意义是相对模糊的。而低语境的文化则是语言本身能够指明其意义，语言意义相对明确。①

霍尔将中国、日本等含蓄的文化形态指称为"高语境文化"（语境功能强大），而美国、欧洲等直接的文化形态称为低语境文化（语言本身能够清晰地表明意义）。高语境和低语境的区分为跨越文化形态的传播提供参照。②例如，在低语境文化的美国，人们通常采用直截了当的交流风格，采用明确清晰的话语传递和接收信息。

跨文化传播注重"融会过程、关系、意义、消费等视点，以文化在人、组织、机构、国家等层面的传播过程和规律为切入点，以实现不同文化之间的理解、合作、共存、共荣为实现目标"③。跨文化传播应成为中国媒体全球传播的战略导向。全球化新格局下的文化传播通过对符号的编码传递深层文化理念和价值观，从而对其他国家的文化认同产生影响。④

意识形态的话语属于高语境，跨文化传播中，高语境内容不利于受众理解。应当先进行事实传播，后进行价值观传播。传播的内容要"去意识形态

---

① 张泗考. 跨文化传播视域下中华文化走向世界战略研究［D］. 石家庄：河北师范大学，2016-05-20.
② 吴瑛. 文化对外传播：理论与战略［M］. 上海交通大学出版社，2009：57.
③ 姜飞. 从学术前沿回到学理基础——跨文化传播研究对象初探［J］. 新闻与传播研究，2007（3）：31-37.
④ 李宇. 对外电视与文化传播研究［M］. 合肥：安徽大学出版社，2018：88.

化"和去高语境的官方话语，即重塑中国媒体全球传播的公信力，淡化媒体的官方属性和政府色彩，突出媒体的新闻专业主义形象，突出普通民众的话语。CGTN 要寻找对象国家受众的审美共性，有针对性地打造产品，做好文化差异定位。注重互动传播，实现受众细分定位，实现全球传播资源规划（resource planning），做好全媒体集团、智库建设。在报道国际新闻时，要考虑受众的认知能力，尊重受众所在国的文化风俗，进行必要的新闻背景解读和"翻译"，实现跨文化传播。

CGTN 传播理念应逐步"去政治化""去意识形态化"，最终由对外传播机构向全球媒体服务机构转变。国际新闻报道应当重视思辨，避免说教，避免形式主义的中国标签，避免简单、重复的事实型报道，重视独家新闻报道的深度解读，反映中国观点。

四、"内外有别""外外有别"，注重传播的正向效果

国际传播应当注重传播效果，特别是正向效果，尤其要防止正面宣传不当产生负面效果，即"低级红，高级黑"。国际传播要做到"内外有别""外外有别"。所谓"内外有别"就是要认识到对内传播和对外传播的差异（张振华，2007）。GCTN 重要的目标受众是外籍人士，在对外传播中要摒弃对内宣传的思维惯性，必须做到"内外有别"，不能做对内传播的外语翻版，应当依据海外受众的需要，打造内容产品，提供平台和服务，多求同、重释异、少对抗。如果以宣传的姿态做对外传播，势必会强化自身的官方色彩，这在海外受众看来，往往会适得其反，会让他们感到媒体缺乏独立性，难以赢得公信力。

所谓"外外有别"，就是要认识到国际传播对象国之间的地理和文化差异，根据实际需要调整传播策略，以期达到最优的传播效果（张振华，2007）。重视受众调查，区分不同国家和地区的受众，区分海外各个阶层，区分不同倾向、宗教信仰、风俗习惯，依据各区域受众特点，有针对性地跟

进报道。

笔者认为，关于中国的报道可以分为两类：一类是在内容上与中国直接相关的报道和观点，即中国话题；另一类是其他全球事件中的中国立场和中国观点的报道。对于全球观众而言，由于文化和价值观不同，并非所有的受众都普遍关心中国话题，如美国的民众，他们更关心自己国家的事务。但是，在全球化新格局下，各国的联系越发紧密，CGTN 在内容报道上要避免单纯追求中国话题的报道，但在最终传播效果上应为中国形象加分。比如，可以寻找美国劳工与中国的关联切入角度进行报道，阐述中美贸易争端对美国的负面影响。再如，借助海外人士的观点表达，隐含中国标签，避免对中国存在刻板印象的受众产生直接的抵触心理等。

第二节 组织机制：从顶层设计给予更大自由度

一、理顺组织架构关系，灵活用人制度

从理想化的层面看，建议整合 CGTN、新华社国际电视传播平台（CNC）、中国国际广播电台（CRI）的对外传播资源，优化资源配置，集中打造国家媒体品牌。改进管理体制机制，建立可以快速反应的管理层，采用决策层的垂直管理模式。另外，CGTN 还应当采用更为宽松的报道政策和灵活的用人制度，破格提拔，大胆聘用具有国际视野、熟悉视频与互联网传播的管理层和员工。此外，应当改进现有的薪酬管理机制，给予年轻员工更大的晋升空间，探索培养模式，促进人才成长。

外籍人士不应该仅仅作为表达几句观点的被访嘉宾、记者、主播，应当探索外籍人士深度参与的报道模式，鼓励他们参与节目策划，通过其亲身体验提升说服力和传播效果。

CGTN 应当更加重视新媒体的发展，可以聘请有新媒体公司实战经验的人士特别是具有跨国新媒体经验的人士担任管理层，以不断提升其平台推广能力。

二、依靠"借力"，探索多元的"本土化"合作模式

目前，CGTN 的本土化策略主要表现在雇用当地外籍员工和与国外媒体机构合作节目等方面。雇用当地员工，可以节约成本；用对象国语言传播，便于制作符合跨文化传播规律的节目产品。

其他媒体在传播渠道上合作落地，在内容上将新闻报道进行本土化"二次加工"的做法将值得探索和尝试。CGTN 应当深化本土化策略，强调国际受众细分，在全球化进程中，可以参考 CNN 的经验，重视利用本土化资源，并懂得"借力"。比如，CNN 在智利、日本、印度、土耳其、菲律宾等国家以合作伙伴、共同出资等多种形式使节目落地，节约了成本。CGTN 可以将国际新闻内容产品进行本土化的"二次加工"，更加符合当地用户的需求；探索外国雇员深度参与节目策划、采访、制作的模式，改进现有科层管理的体制机制，留住人才，探索驻外报道员体系建设与管理体系。

对 CGTN 而言，应当加强运营社交媒体的团队建设。社交化（Socialization）强调国际新闻产品与社交媒体移动终端的结合，要兼顾国际新闻报道的专业性与实时直播、VR 等新技术的应用，调动专业化用户自制内容（Professional User Generated Content，PUGC）的参与和互动，新闻产品要适应网络流行文化的传播语态。比如，国际媒体致力于第二次屏幕体验（second screen experience），利用社交媒体平台推送电视画面中的关键时刻的精彩镜头。研究如何将电视平台内容在社交平台上二次制作和分发，亦是 CGTN 探索电视屏幕与社交媒体深度融合的重要一环。

三、加强总部与分台协作，去中心化管理

应当进一步加强 CGTN 总部与分台的协作，形成去中心化的全球联动。目前，CGTN 的北京总部中心化程度高，资源聚集现象突出。北京是中国时政新闻报道的重点区域，聚集了 CGTN 大量的媒介资源与人力资源。在中国范围内，报道的优势资源聚集于北京，国内大型报道往往要派出大量采编人员，报道网络中心化现象明显。这就导致国内一旦发生非北京地区的突发事件，报道水平可能存在明显下滑。再者，重大国际新闻报道需要第一时间反应处理，如果分台的处理权限较弱，将影响第一时间安排和策划报道，可能延误最佳报道时机而丧失获得独家新闻的机会。此外，在机构管理方面，CGTN 的北京总部更像是各个分台的"上级"部门，而非全球联动的"协作者"。"科层制"管理的现象仍然存在，尤其在新闻报道策划方面，导致新闻报道存在审核的"双重标准"，分支机构的自由度和自主性受到限制。

CGTN 可以借鉴标准化的机构运作模式，重视团队职能细分，强化支持服务性团队，利于专业化和标准化生产，实现新闻生产的"麦当劳化"，即调动全球相关机构，以效率最大化的方式完成协作，采用标准化的流程生产出"口味"无差别的新闻产品。CGTN 总部与分台的节目水准和风格仍存在差异，后续的专业化培训亟待跟进。

第三节　内容语态：优化报道内容，提升节目品质

一、平衡涉华比例，探索亚洲、欧美、非洲最优配置

CGTN 应当向全球化（Globalization）转型，即从侧重宣教的"喉舌式"

（mouthpiece）机构向全球传播平台（multi-purposed global news outlets）转
型。中国的国际传播要体现国际意识和全球眼光，应当改进话语方式，讲好
中国故事，注重中国观点的国际化表达（international expression），以受众的
认知接受能力和传播效果为导向，做到"内外有别""外外有别"；降低跨文
化传播中受众的理解障碍，加强本地化推广，主动推送、分类引导；提高品
牌意识，设置议题，打造全球品牌知名度；提供符合全球受众需求和新闻传
播规律的产品和服务，提升对受传者的吸引力。

　　CGTN 报道内容仍然以涉华报道为主，未来可以探索调整报道比例，找
到实现最优传播效果的方案。RT 采用"去俄罗斯化"的策略并取得了不错
的效果，其领导层认为 RT 作为国际媒体机构不能过分强化俄罗斯的标签，
否则会令受众认为有预设立场。在报道量方面，关于俄罗斯的报道总量约为
15%，甚至更低。RT 最为重视美国地区的报道，以独特的观点吸引美国
观众。

　　　　时任中宣部部长的刘奇葆问了 RT 关于俄罗斯新闻报道量的问题。
　　　　他又问我们（CGTN）："现在你们的对华报道占报道总量的比例大概是
　　　　多少?"我们想了一下说："大概是六比四吧，国内占六，国际占四。"
　　　　我们以为部长会说低。当时部长就说我给你们一个参照，俄罗斯的国内
　　　　新闻报道比例是很低的。当然我们和他们不一样，中国的故事还是有很
　　　　多人听的，中国和俄罗斯在国际地位上是不一样的。特别是由于中国庞
　　　　大的经济总量，世界上有很多人想知道中国的经济业态。从中央层面，
　　　　对我们报道内容的比例不做任何的要求，可以在实践中摸索。①

　　CGTN 未必要完全照搬 RT 的方针，关于涉华报道比例的问题，应满足受

　　　① 根据 CGTN 制片人 B 的访谈，2017 年 10 月 8 日。

众的认知需求和传播中国观点的需要，从传播效果层面找到平衡点，通过全球受众调查了解受传者的认知情况，在新闻实践中探索出适合自身发展的路径。

本书的第四章第三节探讨了 CGTN 的全球布局，应当进一步强化非洲优势，形成独特品牌资源；探索欧美突破口，主动推介，扩大影响；突出亚洲特色，整合资源，形成独特的媒体品牌。

二、塑造常人政治，以经济和文化联通中国与世界

CGTN 是中国国家的对外传播平台，适宜淡化政治色彩，塑造常人政治，注重文化、经济，不过分突出传统中国，重视当代中国，特别是通过经济上的"一带一路"倡议、文化领域的交流与合作加强中国与世界的联系。

在政治方面，"威权型"政治、"人权"等长期留存的问题导致中国在国际社会的政治认同感较低。CGTN 可以改变传统"正襟危坐"式的新闻播报模式，借鉴新式新闻（New News）的报道方式。卡茨（Jon Katz）认为①新式新闻主要表现在将信息和娱乐结合，政治人物直接面对公众。对年轻用户而言，把政治新闻做得更加有趣，有助于其关注和接受，而不是狭义地理解为波兹曼《娱乐至死》中的泛娱乐化使人们失去独立思考能力，一味地追求娱乐性。

基于新媒体社交平台的政治传播，展示中国领导人的新形象也是 CGTN 传播中国元素值得探索的方面。在主体层面，中国领导人政治形象传播应当树立鲜明风格，塑造"常人政治"，注重多元化新媒体手段的运用，实现全球性价值认同的建构与扩散。比如，基于互联网传播的《嫁人要嫁普京那样的人》，普京没有被塑造成高高在上的领导者，而是具有个人魅力的领导人，

---

① 沃纳·J. 赛佛林，詹姆士·W. 卡德. 传播理论——起源、方法与应用：第 5 版 [M]. 郭镇之，译. 北京：中国传媒大学出版社，2004：8.

话语风格上以"低语境"的方式体现通俗化、日常化，交流感强，反而更让人感到"真实"，"脾气成个性"（郎劲松、侯月娟，2016）。① 目前，CGTN英文短视频系列报道《习近平的青年时代》开始关注采用新媒体平台，呈现中国领导人的形象，是一个很好的尝试。但是，影像产品内容几乎成为国内报道的"英文翻译"版，缺乏对跨文化传播报道的"再翻译"，一定程度上给海外受众带来认知理解上的不便，影响了传播效果。

在经济方面，中国希望通过"一带一路"倡议"加强区域互联互通，迎接更光明的未来"：

> "一带一路"建设秉持的是共商、共建、共享原则，不是封闭的，而是开放包容的；不是中国一家的独奏，而是沿线国家的合唱。"一带一路"建设不是要替代现有地区的合作机制和倡议，而是要在已有基础上，推动沿线国家实现发展战略相互对接、优势互补。②

CGTN 可以依托一手材料，报道中国正与"一带一路"沿线国家积极规划中蒙俄、新亚欧大陆桥、中国—中亚—西亚、中国—中南半岛、中巴、孟中印缅六大经济走廊建设等。通过对"一带一路"倡议和建设的报道推动中国在全球事务中地位的提升，增强国际议程的设置能力、国际影响力和话语权。

在文化方面，中国尊重平等的文明交流互鉴，采用多元、多向的沟通渠道。在跨文化传播中，从时间维度看，有偏向过去导向的文化、现在导向的文化和未来导向的文化。中国属于偏向过去导向的文化，历史、国家

---

① 郎劲松，侯月娟. 政治形象传播：建构与重构——新媒体语境下领导人的形象传播策略研究［M］//荆学民. 中国政治传播研究：基础与拓展. 北京：中国传媒大学出版社，2016.

② 习近平. 迈向命运共同体 开创亚洲新未来［EB/OL］. 新华网，2015-03-28.

宗教传统对这些文化而言非常重要，人们深信过去是做出决策和判断真理的参考标准。中国属于过去导向的文化因为它有着悠久辉煌的历史，对历史和文化遗产的尊重是中国人重要的传统价值观。日本、法国、印第安裔美国人也属于崇尚过去导向文化的群体。崇尚现在导向的文化认为当下最为重要，这是非裔美国群体的特征。美国主导的文化属于未来导向的文化，他们期望未来比现在更好，他们对未来的观念较为乐观，认为自己有掌握未来的信念。①

CGTN 可以更多关注当代中国以及未来中国与世界的联系，而不是一味强化中国古代文化符号。根据调查，"海外的观众更加喜欢的是中国的功夫片，倾向于了解历史中国与落后中国，而非现代化的中国，大量的数据表明海外观众将中国定义为迅速崛起的、不友好的、社会落后的、军事强大的、政治强硬的、环境污染的"②。在今后的传播中，应当注重跨文化传播中偏向现在和偏向未来的文化维度。

> 亲仁善邻、协和万邦是中华文明一贯的处世之道，惠民利民、安民富民是中华文明鲜明的价值导向，革故鼎新、与时俱进是中华文明永恒的精神气质，道法自然、天人合一是中华文明内在的生存理念。③

CGTN 在荧幕呈现上应当突出文化交流，特别是中国与其他国家年轻人之间的交流与合作。推动亚洲文明的交流融通，推动构建人类文明共同体。

---

① 拉里·A. 萨默瓦，理查德·E. 波特，埃德温·R. 麦克丹尼尔. 跨文化传播：第6版 [M]. 闵惠泉，贺文发，徐培育，等，译. 北京：中国人民大学出版社，2013：140-141.
② 张毓强，黄珊. 中国：何以"故事"以及如何"故事"——关于新时代的中国与中国故事的对话 [J]. 对外传播，2019（3）：53-56.
③ 习近平. 亚洲文明对话大会上的主旨演讲 [EB/OL]. 新华网，2019-05-15.

三、重视受众分析，实现精准传播

由于海外受众调查难度较大等复杂因素，当前中国的国际传播对国际受众普遍缺乏科学、实证、全面的分析，对传播效果的整体把握不够，导致国际新闻报道更多立足于想象，反馈机制不健全。构建国际舆论的新格局也需要重视微观话语的针对性。

在舆论传播中要围绕对象精准定位、精心策划、精细服务。传播的观念要从精确和一致的要求中解放出来，我们的任务是认识他者的特性，更有针对性地有效传播，再也不是按照自己的喜好和形式去向受众传播。过去，我们过多地看重大国关系，高度重视核心城市、主流群体，而忽视了对周边小国、弱势群体的关注。而实际上，周边小国对我国在国际舞台上塑造形象起着重要的作用，亚文化、小群体的影响作用同样不容忽视，特别是新生代，他们更多地关注自己的兴趣小组……要更有针对性地面向这些群体。①

国际传播具有特殊性，语言障碍、文化藩篱等都将成为影响传播效果的因素，CGTN 国际传播能力建设应当考虑受众的接受能力、认知因素、受众的解码能力等（包括知识储备和讯息理解能力）。

CGTN 目前仍然没有广泛、系统、科学地进行全球受众调查，这是亟待解决的。联系学术研究和业务实践，解决学术界的评估体系侧重理论和理想化而难以付诸实践的问题，统筹解决传统媒体平台和社交媒体平台的评价体系，建立核心指标突出、操作性强的评价体系，是值得探讨的问题。期待

① 李继东. 构建舆论引导新格局需要重视微观话语的针对性 [J]. 红旗文稿, 2016 (23).

CGTN未来能在传播者信源、传播内容、传播渠道、传播效果等方面进行整体评估。

在新媒体环境下，社会化媒体中粉丝数、评论量和转载量等指标一定程度上弥补了受众反馈的欠缺。CGTN可以深度挖掘不同社交媒体平台的粉丝数据，分析地区、民族、年龄、学历、阶层等人口统计学指标，并根据用户订阅兴趣科学合理地推送和设计有针对性的报道。从思路上，应摒弃通过"想象"策划选题的方式，在前期策划阶段，需要考虑受众的能力因素和动机因素，充分重视受众的反馈，提升传播效果。在国际传播中，分析传播对象的需求尤为关键，提供符合受众认知的信息和报道，通过受众数据分析精准地了解不同民族、国家、地区和阶层的信息接收习惯，可以更有针对性地报道内容，提升国际传播的效果。

本章小结

本章分析了CGTN国际传播能力建设的策略。首先，国际传播能力是媒介机构在国际传播场域作为主体力量的话语权、公信力和影响力的综合体现。国家媒体的国际传播能力是衡量国家软实力和话语权的重要指标。CGTN国际传播能力建设应当考虑受众的接受和认知因素，尤其是受传者的信息加工能力。国际传播具有特殊性，语言障碍、文化藩篱等都将成为影响传播效果的因素。应当充分考虑受众的解码能力（包括知识储备和讯息理解能力等）。在传播者信源、传播内容、传播渠道、传播效果等方面进行整体评估。

后疫情时代的国际格局发生变化，在传播理念上，CGTN应当实现从国际传播到全球传播转向，即从民族观、国家观逐渐转换为世界观和全球观；重视跨文化传播，传播内容去意识形态化；弱化中国标签，注重传播的正向效果。在组织机制层面，应当从顶层设计给予 CGTN 更大的自由度，理顺组织架构关系，采用灵活的用人制度；依靠"借力"，探索多元的本土化合作模式；加强总部与分台的协作，去中心化管理。在内容语态层面，应当优化报道内容，提升节目品质；淡化宣传色彩，探索适合的涉华报道比例，突出亚洲特色、强化非洲优势、探索欧美突破口；塑造常人政治，以经济和文化联通中国与世界；重视受众分析，实现精准传播。

结　语

本书从跨文化传播的视角探讨了全球化新格局下 CGTN 国际传播的动因、现状及未来发展。

CGTN 是富有战略性和前瞻性的。它的成立是中国媒体走向世界的重要一环。随着中国的崛起，世界格局也发生着巨大改变，全球化新格局悄然形成。从"韬光养晦"的政策，到"大国外交"的方略，中国以更加积极的姿态参与全球治理，推动构建人类命运共同体。CGTN 的建立正是中国试图跳脱西方主导的全球信息传播框架，实现中国形象"自我书写"的行动。

CGTN 是独特而新颖的。它立足中国，拥有国家媒体资源；面向全球，力求实现全球传播。它突出影像传播，因为画面具有不可替代的视觉传播力，视觉影像相较于文字、声音，更容易跨越语言文化带来的障碍，实现国际跨文化传播。CGTN 旗下的视频通讯社采用国际通行的视频新闻发稿标准，将新闻视频素材直接传递到上千家海外媒体机构。它从建立之初就被赋予了互联网属性，它不是一个传统电视台或网站，而是一个多语种、多平台的融媒体传播机构。

CGTN 是颇具争议的。CGTN 希望影响海外国际舆论，但成立之时没有把央视中文国际频道归入麾下。一些研究者对此持负面态度，他们认为，海外华人是不容忽视的力量，如果将中文频道纳入，可以通过海外华人受众群体影响国际舆论。

CGTN 是探索性的。全球四地的轮盘机制、融合媒体的新闻生产模式等，都在不断尝试，不断改进。CGTN 也是面向未来的，发展新媒体平台和吸引青年受众是其着力的方向。

适应全球化新格局，CGTN 作为全球性国际新闻媒体也应更趋向全球化（globalization）、本土化（localization）、社交化（socialization）、专业化（specialization）。

全球化强调培育 CGTN 的全球影响力，最终实现由侧重外宣的媒体机构向全球性传播平台的转型，从侧重"民族—国家"的国际传播朝全球传播转向。

本土化强调用对象国语言传播，制作符合跨文化传播规律的节目产品。在全球化进程中，CGTN 应当重视利用本土化资源，可以尝试将国际新闻内容产品进行本土化的"二次加工"，使之符合当地用户的需求。探索外籍雇员深度参与节目策划、采访、制作的模式，创新管理机制，优化现有的全球媒体资源，形成独特优势。

社交化强调国际新闻产品与社交媒体移动终端的结合，兼顾国际新闻报道的专业性与实时直播、VR 等新技术的应用，调动专业化用户自制内容的参与和互动，使新闻产品适应网络流行文化的传播语态。CGTN 可以运用社交优势，设置吸引全球关注的共同议题，做到传播语态社交化、轻松化，思维网络化、用户参与化、政见视觉化。利用新媒体平台，探索中国政治传播模式，实现全球性价值认同的建构与传播。

专业化强调遵循国际新闻传播规律。面对瞬息万变的全球新闻报道环境，CGTN 要专业地开展国际新闻报道，提高首发率，力争呈现全球重大新闻事件的独家报道，提升国际传播能力和国际新闻话语权。

从"一带一路"的相关报道到中美女主播的越洋对话，CGTN 作为国际传播的重要文本，见证着中国在全球化新格局中的话语变迁。

国际局势瞬息万变，后疫情时代的全球格局会发生怎样的变化？美国对华传媒政策将带来什么后续影响？欧洲分台开播后的传播效果如何？2020 美国大选后中美关系的走向又将如何？还有许多崭新的问题值得继续探索。

因此，本书也是一个未完结的选题，值得不断讨论和完善。从这个意义上讲，这也是一篇"未完结的结语"。

参考文献

一、中文参考文献

［1］毕建录，梅焰．对中美女主播跨洋对话的多视角解读［J］．新闻与写作，2019（07）：90-93．

［2］毕建录．对外传播中如何讲好"一带一路"故事——以CGTN"一带一路"国际合作高峰论坛报道为例［J］．青年记者，2017（19）：60-61．

［3］毕建录．国际战略视角下我国媒体的对外传播——兼评中国国际电视台（中国环球电视网）CGTN的成立［J］．青年记者，2017（21）：51-52．

［4］蔡帼芬，徐琴媛，刘笑盈．全球化视野中的国际传播［M］．北京：五洲传播出版社，2003．

［5］曹雪盟．主流媒体社交平台的国际传播力［J］．青年记者，2018（12），57-58．

［6］曾祥敏，刘海洋．时政微视频的国际传播创新［J］．对外传播，2017（6）：50-53，1．

［7］陈明霞．中国媒体政治报道网络议程设置效果分析［D］．北京：北京外国语大学，2018．

［8］陈琴．CGTN首次外景地直播"一带一路"特别节目——《共享丝

路 连接未来》[J]. 电视研究，2017（2）：3.

[9] 陈卫星. 国际关系与全球传播 [M]. 北京：中国传媒大学出版社，2003.

[10] 程晔. 试析广播电视国际传播能力建设新趋势 [J]. 电视研究，2018（11）：21-23.

[11] 崔远航. "国际传播"与"全球传播"概念使用变迁回应"国际传播过时论" [J]. 国际新闻界，2013（6）.

[12] 戴佳，史安斌. "国际新闻"与"全球新闻"概念之辨——兼论国际新闻传播人才培养模式创新 [J]. 清华大学学报（哲学社会科学版），2014，29（1）：42-52，159.

[13] 段鹏. 中国广播电视国际传播策略研究 [M]. 北京：中国传媒大学出版社，2013.

[14] 段鹏. 广播电视国际传播的发展及我们的对策与战略 [D]. 北京：北京广播学院，2000.

[15] 梵迪克. 作为话语的新闻 [M]. 曾庆香，译. 北京：华夏出版社，2003.

[16] 费尔克拉夫. 话语与社会变迁 [M]. 殷晓荣，译. 北京：华夏出版社，2003.

[17] 高金萍. 跨文化传播：中美新闻文化概要 [M]. 上海：复旦大学出版社，2006.

[18] 郭光华. 我国新闻媒体国际传播能力评估体系研究 [J]. 湖南师范大学社会科学学报，2017，46（4）：147-151.

[19] 郭光华. 新闻传播能力构建研究：基于全球化的视野 [M]. 北京：人民出版社，2013.

[20] 郭可. 当代对外传播 [M]. 上海: 复旦大学出版社, 2003.

[21] 郭可. 国际传播学导论 [M]. 上海: 复旦大学出版社, 2004.

[22] 郭全中. 从 CGTN 开播谈改进外宣工作 [J]. 传媒, 2017 (01): 20-21.

[23] 郭璇. 全球治理中国方案的话语建构与国际认知 [D]. 上海: 上海外国语大学, 2018.

[24] 郭镇之, 张梓轩. 试论改进中国电视的国际形象 [J]. 新闻爱好者, 2009 (6).

[25] 何坤, 李旭. 媒介融合背景下我国对外传播的路径转变——以 CGTN "一带一路" 国际合作高峰论坛报道为例 [J]. 传媒, 2017 (18): 75-77.

[26] 赫尔曼·魏斯曼. 作为 "金砖伙伴" 的南非与中国: 媒介视野下的地缘政治转变之探究 [M] //史安斌. 全球新闻传播与新闻教育的未来. 北京: 清华大学出版社, 2014: 163-178.

[27] 洪浚浩. 国际传播研究重点的三大转变及其原因剖析 [M] //史安斌. 全球新闻传播与新闻教育的未来. 北京: 清华大学出版社, 2014: 61-75.

[28] 胡春阳. 话语分析: 传播研究的新路径 [M]. 上海: 上海世纪出版集团, 2007.

[29] 胡正荣, 李继东, 姬德强. 中国国际传播发展报告 2015 [M]. 北京: 社会科学文献出版社, 2015.

[30] 黄廓, 姜飞. 中国主流媒体开展全球传播的战略选择: 基于全球主流媒体的研究 [M] //史安斌. 全球新闻传播与新闻教育的未来. 北京: 清华大学出版社, 2014: 179-194.

[31] 贾文山. 全球传播中国模式的理论体系初探 [M] //史安斌. 全

球新闻传播与新闻教育的未来. 北京：清华大学出版社，2014：76-83.

[32] 江和平. 开启国际传播新时代 [N]. 中国新闻出版广电报，2017-11-22 (5).

[33] 江和平. 融媒体时代的新闻传播——以 CGTN 为例 [J]. 电视研究，2017 (6)：23-25.

[34] 江和平. 围绕国际关注关切 深化对外融合传播——CGTN 十九大外宣报道开启国际传播新时代 [J]. 电视研究，2017 (12)：11-14.

[35] 江和平. 新时代 新探索 新实践——CGTN 的融合传播思考 [J]. 国际传播，2017 (6)：1-4.

[36] 江和平. 新时代新战略新探索 CGTN 重新定义融合传播 [J]. 电视研究，2018 (1)：43-45.

[37] 江和平. 中美主播跨洋对话的八点启示 [J]. 全球传媒学刊，2019, 6 (3)：120-124.

[38] 蒋晓丽，张放. 中国文化国际传播影响力提升的 AMO 分析——以大众传播渠道为例 [J]. 新闻与传播研究，2009 (5)：1-6.

[39] 蒋玉鼐，罗寰昕. 国际知名媒体社交平台视频报道影响力研究——以 RT 的 YouTube 英文主账号为例 [J]. 对外传播，2017 (9)：62-65.

[40] 康璐. 中国大众传媒在国际政治领域话语权问题研究 [D]. 青岛：中国海洋大学，2015.

[41] 郎劲松，侯月娟. 政治形象传播：建构与重构——新媒体语境下领导人的形象传播策略研究 [J]. 2016.

[42] 李艾珂，吴敏苏，赵鹏. 世界信息传播秩序演变与中国的贡献——以中国国际电视台（CGTN）的传播实践为例 [J]. 现代传播，2018, 40 (6)：65-69, 75.

［43］李金铨. 国际传播的挑战与展望［M］. 台北：时报文化出版社，1983.

［44］李任辉，王梓倩. 中国电视媒体的国际传播理念的发展与革新研究［J］. 新媒体研究，2016，2（23）：1-3.

［45］李思燕. 中国媒体海外社交平台国际传播力研究［D］. 上海：上海外国语大学，2018.

［46］李希光，周庆安. 软力量与全球传播［M］. 北京：清华大学出版社，2005.

［47］李习文. 提升中国英语电视新闻的全球影响力［M］//史安斌. 国际传播研究前沿. 北京：清华大学出版社，2012：74-80.

［48］李宇. 国际传播视角下各国电视研究：现状与展望［M］. 北京：中国广播电视出版社.2013.

［49］李宇.CGTN 与 BBC 国际频道新闻 APP 对比分析［J］. 南方电视学刊，2017（03）：124-126.

［50］李宇. 从 CCTV4 到 CGTN：浅析中国国际电视频道的发展嬗变［J］. 对外传播，2017（5）：34-36.

［51］李宇. 中国电视国际传播的新挑战与新逻辑［J］. 国际传播，2018（6）.

［52］李智. 国际传播［M］. 北京：中国人民大学出版社，2013.

［53］李智. 全球传播学引论［M］. 北京：新华出版社，2010.

［54］林海春. 国际化新闻传播话语研究［M］. 北京：中国广播电视出版社，2015.

［55］刘继南. 国际传播与国家形象：国际关系的新视角［M］. 北京：北京广播学院出版社，2002.

[56] 刘佳星. 从 CGTN 建设看我国国际传播发展 [J]. 电视指南, 2017 (10).

[57] 刘滢, 应宵. 媒体国际微传播影响力的内涵与评估 [J]. 国际传播, 2018 (4).

[58] 龙耘, 潘晓婷. 历史回音与现实交响——改革开放以来中国国际传播研究回顾 (1982—2018) [J]. 对外传播, 2018 (12): 11-14.

[59] 陆佳怡. 媒体外交: 一种传播学视角的解读 [J]. 国际新闻界, 2015, 37 (4).

[60] 罗伯特·福特纳. 国际传播: 全球都市的历史、冲突及控制 [M]. 刘利群, 译. 北京: 华夏出版社, 2000.

[61] 罗青, 方帆, 毕建录, 等. 中美主播跨洋对话的全球传播效果——一次中国全球媒介事件的案例分析 [J]. 全球传媒学刊, 2019, 6 (3): 132-147.

[62] 罗雪. 社交网络中全球媒体的国际传播效果提升策略研究——基于 CGTN 和 BBC 推特账户的比较分析 [J]. 电视研究, 2018 (2): 92-94.

[63] 马特拉, 朱振明. 全球传播的起源 [M]. 北京: 清华大学出版社, 2015.

[64] 麦克费尔. 全球传播: 理论、利益相关者和趋势 [M]. 张丽萍, 译. 北京: 中国传媒大学出版社, 2016.

[65] 孟婷燕. 国际传播中的信息逆流模式分析——以半岛电视台为例 [D]. 杭州: 浙江大学, 2011.

[66] 任孟山. 国际传播与国家主权 [M]. 上海: 上海交通大学出版社, 2011.

[67] 融合传播 共享未来——CGTN 全球媒体峰会暨第七届全球视频媒

体论坛纪要 [J]. 电视研究, 2018 (1): 46-49.

[68] 史安斌, 张耀钟. 2018 年对外传播理论与实践创新前瞻 [J]. 对外传播, 2018 (1): 7-10.

[69] 史安斌, 盛阳. 开创国际传播能力建设的新局面、新理念、新形式 [J]. 电视研究, 2018 (11): 4-7.

[70] 史安斌. 从"陌生人"到"全球公民"——论跨文化传播理论的演进及在中国的发展前景 [M] // 史安斌. 国际传播研究前沿. 北京: 清华大学出版社, 2012: 30-37.

[71] 史安斌. 国际传播研究前沿 [M]. 北京: 清华大学出版社, 2012.

[72] 苏钰婷. CGTN 重大时政新闻新媒体直播之探索 [J]. 电视指南, 2018 (12): 4-6.

[73] 孙东哲. 新媒体与国际传播 [M]. 北京: 外文出版社, 2014.

[74] 王庚年. 新媒体国际传播研究 [M]. 北京: 中国国际广播出版社, 2012.

[75] 王庚年. 国际传播: 探索与构建 [M]. 北京: 中国国际广播出版社, 2009.

[76] 王捷先. 中国国家形象塑造视角下的媒体对外传播研究 [D]. 北京: 外交学院, 2018.

[77] 韦笑, 潘攀. 社交媒体时代中国国家形象的对外传播策略——基于 2017 年 CGTN 海外社交媒体的中国报道分析 [J]. 传媒, 2018 (19): 79-81.

[78] 吴飞. 国际传播系列案例分析 [M]. 杭州: 浙江大学出版社, 2013.

[79] 吴克宇. 试论 CGTN 国际传播理念与传播方式的转变 [J]. 电视研究, 2017 (09): 72-73.

[80] 吴立斌. 中国媒体的国际传播及影响力研究 [D]. 北京：中共中央党校，2011.

[81] 吴敏苏，刘子衿，魏雨虹. 中国时政新闻的对外融合传播——基于 CGTN 新媒体端 2018 年全国"两会"专题报道的研究 [J]. 电视研究，2018（6）：25-28.

[82] 夏玥. 国际话语权视角下的中国媒介化公共外交研究 [D]. 北京：外交学院，2018.

[83] 冼致远. 中英电视媒体国际传播软实力比较研究 [M]. 北京：中国传媒大学出版社，2018.

[84] 熊德. 中国新闻电视媒体跨国传播能力研究 [D]. 武汉：武汉理工大学，2012.

[85] 杨伯溆. 因特网与社会：论网络对当代西方社会及国际传播的影响 [M]. 武汉：华中科技大学出版社，2003.

[86] 臧国仁，蔡琰. 叙事传播：元理论思路与研究架构 [M]. 北京：清华大学出版社，2014：105-119.

[87] 战伟萍. 如何通过垂直整合提高中国国际传播影响力 [J]. 国际传播，2018（6）：41-47.

[88] 张国良. 全球化背景下的新媒体传播 [M]. 上海：上海人民出版社，2008.

[89] 张凌云. 凤凰卫视记者的国际传播理念与实践研究 [M]. 济南：山东人民出版社，2015.

[90] 赵为学. 论新闻传播学话语分析理论的建构 [D]. 上海：上海大学，2008.

[91] 李舒东. 中国中央电视台对外传播史（1958—2012）[M]. 北京：

人民出版社, 2013.

[92] 中央电视台俄语频道. 关于 RT 国际传播的调研报告（内部资料）[Z]. 2016（10）.

[93] 周庆安. 公共外交研究的四个理论维度 [M] //史安斌. 国际传播研究前沿. 北京：清华大学出版社, 2012：38-45.

[94] 周庆安. 新媒体环境下中国国际新闻报道的挑战与应对 [M] //史安斌. 国际传播研究前沿. 北京：清华大学出版社, 2012：68-74.

[95] 邹振东. 弱传播 [M]. 北京：国家行政学院出版社, 2018.

二、外文参考文献

[1] BERNARD M.. La société conquise par la communication——Tome 3, Les Tic entre innovation technique et ancrage social [M]. Grenoble：PUG, 2007.

[2] CASSARA C.. Al Jazeera Remaps Global News Flows [M] //FORTNER R S, FACKLER P M. The Handbook of Media and Mass Communication Theory. London：John Wiley & Sons, 2014.

[3] CASTELLS M.. Materials for an exploratory theory of the network society [J]. British Journal of Sociology, 2000, 51（1）：5-24.

[4] CASTELLS M.. The New Public Sphere：Global Civil Society, Communication Networks and Global Government [M] //FORTNER R S, FACKLER P M. The Handbook of Media and Mass Communication Theory. London：John Wiley & Sons, 2014.

[5] CHU L. L.. Continuity and change in China's media reform [J]. Journal of Communication, 1994, 44：4-22.

［6］DONALD S. H., KEANE M.. Media in China: New convergences, new approaches ［M］//DONALD S H, KEANE M, HONG Y. Media in China: Consumption, content and crisis. New York: Routledge Curzon, 2002.

［7］FORTNER R. S.. International communication: History, conflict, and control of the global metropolis ［M］. Belment, CA: Wadsworth, 1993: 1-6.

［8］GIZBERT R.. A change of the guard at Al Jazeera Listening Post ［EB/OL］. Al Jazeera English, 2001-09-24.

［9］HANSON E. C.. A History of International Communication Studies ［M］. Oxford: Research Encyclopedia of International Studies, 2010.

［10］HEIL A. L.. Voice of America: A history ［M］. New York: Columbia University Press, 2003.

［11］HINE C.. Ethnography for the Internet: embedded, embodied and everyday ［M］. London: Bloomsbury Academic, 2015.

［12］Hoover Institute.. Chinese Influence & American Interests: Promoting Constructive Vigilance ［R/OL］. https: //www. hoover. org/sites/default/files/research/docs/chineseinfluence_ americaninterests_ fullreport_ web. pdf.

［13］JIANG S.. Beijing has a new propaganda weapon: Voice of China ［EB/OL］. CNN BUSINESS, 2018-03-21.

［14］KRAIDY M. M.. Global Media Studies: A Critical Agenda ［J］. Journal of Communication, 2018, 68 (2): 337-346.

［15］The Guardian. China state media merger to create propaganda giant ［EB/OL］. The Guardian, 2018-03-21.

［16］LI A., WU M.. "See the Difference": What Difference? The New Missions of Chinese International Communication ［J］. Westminster Papers in

Communication and Culture, 2018, 13 (1).

[17] LI J., KATZ E., CHANG T., et al. Internationalizing "international communication" [M]. Ann Arbor: University of Michigan Press, 2015.

[18] LYNCH M.. Watching al-Jazeera [J]. Wilson Quarterly, 2005, 29 (3): 36-45.

[19] MADRID-MORALES D.. The internationalization of Chinese media: a production study of CGTN Africa [J]. Communication Papers, 2017, 6 (11): 51-69.

[20] MADRID-MORALES D., GORFINKEL L.. Narratives of Contemporary Africa on China Global Television Network's Documentary Series Faces of Africa [J]. Journal of Asian & African Studies, 2018, 6: 917-931.

[21] MADRID-MORALES D., WASSERMAN H.. Chinese Media Engagement in South Africa [J]. Journalism Studies, 2018, 19 (8).

[22] MARTIN J. N., NAKAYAMA T. K.. Intercultural communication in contexts [M]. New York: McGraw-Hill, 2013.

[23] MCCHESNEY R.. The Media System Goes Global The Handbook of Media and Mass Communication Theory [M]. London: John Wiley & Sons, 2000.

[24] The Middle East North Africa Financial Network. China Hosts Media Leaders for Asia Summit [DB/OL]. The Middle East North Africa Financial Network, 2018-04-11.

[25] MERRILL J. C., FISCHER H. D.. International and intercultural communication [M]. New York: Hastings House, 1976.

[26] MORALES D. M. African News with Chinese Characteristics: A Case

Study of CGTN Africa [D]. Hong Kong: City University of Hong Kong, 2018.

[27] MOWLANA H.. International communication [J]. The Journal of International Communication, 2012, 18 (2): 267-290.

[28] National Endowment for Democracy. Sharp Power Rising Authoritarian Influence [DB/OL]. National Endowment for Democracy, 2017-12-05.

[29] NYE J. S.. How Sharp Power Threatens Soft Power: The Right and Wrong Ways to Respond to Authoritarian Influence [EB/OL]. Foreign Affairs, 2018-01-24.

[30] PAREKH B.. The concept of national identity [J]. Journal of Ethnic and Migration Studies, 2010, 21: (2): 255-268.

[31] PINTAK L.. Border guards of the "imagined" Watan: Arab journalists and the new Arab consciousness [J]. Middle East Journal , 2009, 63 (2): 191-212.

[32] ROBERTSON R.. Globalization: Social Theory and Global Culture [M]. London: Sage, 1992.

[33] SCHLEIFER S. A.. A dialogue with Mohammed Jasim Al – Ali, managing director, Al – Jazeera [J]. Transnational Boradcasting studies , 2000 (5).

[34] SEMATI M.. New frontiers in international communication theory [M]. Lanham: Rowman & Littlefield, 2004.

[35] SHULMAN H. C.. The Voice of America: propaganda and democracy, 1941—1945 [M]. University of Wisconsin Press, 1990.

[36] SINGH R.. Emerging Trends in New & Digital Media [J]. Global Media Journal , 2014, 7 (1): 69-74.

[37] JOHANNHESBURG L.. Soft Power and Censorship: Chinese Media in Africa [J]. The Economist, 2018, 429 (9114): 46.

[38] STONE C.. World needs a better understanding of China," Voice of China "can help" [EB/OL]. People's Daily Online, 2018-03-22.

[39] SUN L.. Developments and New Approaches of Internationalizing China's Media: A Case Study of China Global Television Network (CGTN) in Witness Perspective [J]. Global Media Journal, 2018, 16 (31): 1-5.

[40] SUN W.. Mission impossible? Soft power, communication capacity, and the globalization of Chinese media [J]. International Journal of Communication, 2009, 4: 19.

[41] THUSSU D. K.. International communication: Continuity and change [M]. London: Edward Arnold, 2000.

[42] THUSSU D. K, DE BURGH H., SHI A.. China's Media Go Global [M]. London: Routledge, 2017.

[43] THUSSU D. K.. International Communication: Continuity and Change [M]. London: Hodder Education, 2006.

[44] UMEJEI E.. Chinese Media in Africa: Between Promise and Reality [J]. African Journalism Studies, 2018, 39 (2): 104-120.

[45] UMEJEI E.. Hybridizing journalism: clash of two "journalisms" in Africa [J]. Chinese Journal of Communication, 2018, 11 (3).

[46] WHEELESS L. R.. An investigation of receiver apprehension and social context dimensions of communication apprehension [J]. The Speech Teacher, 2009, (24) 3: 261-268.

[47] XIANG Y.. Ideological Sinicization of China Central Television in Africa

A Reception Analysis of African Audiences [D]. London: University of Westminster, 2018.

[48] YE P., ALBORNOZ L. A.. Chinese Media "Going Out" in Spanish Speaking Countries: The Case of CGTN – Español [J]. Westminster Papers in Communication and Culture, 2018, 13 (1).

[49] ZHENG Y., MCKEEVER B., XU L.. Nonprofit communication and fundraising in china: Exploring the theory of situational support in an international context [J]. International Journal of Communication, 2016, 10: 4280–4303.

后 记

  感谢陈涛先生和熊江萍女士的鼎力相助，让我将研究 CGTN 的想法变为现实。感谢 CGTN 的领导、老师、小伙伴，感谢刘飞飞、毕建录，你们的支持和帮助让我成为"记录者的记录者"，探索这一国际传播领域的前沿问题。

  感谢我硕士、博士期间的导师张丽教授，能成为您的学生，我非常感恩和幸运。在这个充斥着浮躁和喧嚣的世界中，您教人求知、求学、求索，求真、求善、求美。无论是学习上还是生活上，您总是竭尽全力地帮助和鼓励学生，让我在撰写的过程中打开思路，用更加宏阔的视角审视世界。

  感谢我的国外导师——美国布法罗纽约州立大学的洪俊浩教授，感谢您的悉心培养，在美国的一年大大开拓了我的视野，让我更加深入地了解美国人的思维方式。美国不只是媒体所呈现的单向度形象，阶层差异、种族问题、党派竞争、州与联邦之间的角力，构成了这个极为复杂、多元的国家的诸多面相。本书第一章的国际传播新趋势部分得益于洪老师的直接指导。感谢 Janet 和 Helen 老师，你们的课堂非常高效和有趣，让我提升了学术的国际化水平。感谢在美国曾经帮助过我的老师和小伙伴，你们的友谊是我人生的宝贵财富。

  书稿的撰写是一个不断修改完善的过程，需要漫长的积累。中国思辨式的学术研究范式和美国的实证研究有很大不同，我也在不断探索和寻找行文的方向，感谢对论文提供帮助的诸位老师同学。感谢张振华老师，有幸拜访求教，张老师开阔的格局、敏捷的思维和严谨的态度令人感动；张老师年轻的心态和状态更值得晚辈学习。感谢每个阶段老师们的帮助，特别感谢李继东老师在理论上的提点，感谢郎劲松老师在框架上的宝贵意见，感谢艾红红老师诙谐的指导和鼓励，感谢同学们的帮助与并肩作战。

感谢我的先生，他总是敦促我完成书稿，并作为第一个读者给予莫大帮助，感谢你不断鞭策我向前。"孕育"书稿的日子也正值我的孕期。女儿从胎儿到降生，再到一天天长大，见证着书稿日臻完善。

从本科到博士，再到成为一名高校教师，转眼间我在热爱的新闻传播领域已经求索整整十年。感谢花园村，这里有优秀亲切的老师和朴实真诚的风气。感谢广院，这里有自由包容的环境，文艺气息浓厚的广院能够改变一个人的气质，不敢说"腹有诗书气自华""内秀外更秀"，但在这里，我们每个人的个性得到了最大程度的"呵护"——张扬、大胆、叛逆，都被最大限度的包容。在这里，不必计较眼前的得失，但要始终记着最本真的追求：让心灵更自由，让人生更快乐。感谢 Buffalo 让我体会到了什么是 peaceful life，这种宁静的感觉在学术研究中尤为可贵，能让人摒弃浮躁，探索国际前沿领域，以全球化的胸怀和能力展开交流对话。在花城开启的职业生涯则是一个让我重新审视自己、不断完善提高自己的过程。

感谢我的父母家人，我的爸爸妈妈全力鼓励并支持我继续读博和出国留学，你们是我的坚强后盾。

十年之间有太多的不舍，也有不完美，但已然觉得非常幸运，满怀感恩。作为老师，我也将努力鼓励学生在喜欢的领域不断求索。

感谢教育部人文社科项目的资助与广东财经大学科研启动经费的支持。

感谢人文与传播学院领导、同事的鼓励与帮助。

感谢所有关心我的朋友们，祝你们平安喜乐！

2021 年 4 月 25 日晚
修改于花城